Katharina Bühler
Stefan Eigel

# Offene Aufgabenformen für den Mathematikunterricht

Klassen 5–10

Praktische Materialien
zu den neuen Anforderungen
der Bildungsstandards

Auer Verlag GmbH

Gedruckt auf umweltbewusst gefertigtem, chlorfrei gebleichtem
und alterungsbeständigem Papier.

1. Auflage 2008
Nach den seit 2006 amtlich gültigen Regelungen der Rechtschreibung
© by Auer Verlag GmbH, Donauwörth
Alle Rechte vorbehalten
Das Werk und seine Teile sind urheberrechtlich geschützt. Jede Nutzung in anderen als den
gesetzlich zugelassenen Fällen bedarf der vorherigen schriftlichen Einwilligung des Verlages.
Hinweis zu § 52a UrhG: Weder das Werk noch seine Teile dürfen ohne eine solche Einwilligung
eingescannt und in ein Netzwerk eingestellt werden. Dies gilt auch für Intranets von Schulen
und sonstigen Bildungseinrichtungen.
Satz: fidus Publikations-Service GmbH, Augsburg
Druck und Bindung: Kessler Druck + Medien, Bobingen
ISBN 978-3-403-06161-8

www.auer-verlag.de

# Inhaltsverzeichnis

**Vorwort** .................................................................. 4

**1. Theoretische Grundlagen** ............................................. 5

**2. Methodisch-didaktische Hinweise und Einsatzmöglichkeiten** ............ 5

**3. Die Bildungsstandards Mathematik im Überblick** ...................... 5

    3.1 Leitideen ........................................................ 6
    3.2 Allgemeine mathematische Kompetenzen ............................. 6
    3.3 Anforderungsbereiche ............................................. 7

**4. Übersicht über die in den Aufgaben trainierten Kompetenzen und Anforderungsbereiche** ............................................. 7

**5. Leistungsbeurteilung** ................................................ 9

    5.1 Bewertung von Gruppenarbeit ...................................... 9
    5.2 Bewertungsbogen zur Leistungsbeurteilung ......................... 9

**6. Aufgaben**

    1. Kein Platz im Aquarium? *(ab Klasse 5)* ......................... 11
    2. Pflegeleichte Blumen *(ab Klasse 5/6)* ........................... 14
    3. Rollt die Treppe? *(ab Klasse 5/6)* .............................. 17
    4. Hecken ohne Ende *(ab Klasse 6)* ................................ 20
    5. Mit dem Mountainbike über den Wolken *(ab Klasse 6)* ............. 23
    6. The Giant's Head *(ab Klasse 6/7)* .............................. 26
    7. Mathebücher für alle *(ab Klasse 7)* ............................. 29
    8. Lörracher Langer Egon *(ab Klasse 7)* ............................ 35
    9. Kraftstoff aus Sonnenblumen *(ab Klasse 7/8)* .................... 39
    10. Arbeit im Garten *(ab Klasse 7/8)* ............................. 42
    11. Mauer aus Fels-Gabionen *(ab Klasse 7/8)* ...................... 46
    12. Die Spitze des Eisbergs *(ab Klasse 7/8)* ...................... 49
    13. Im freien Fall *(ab Klasse 7/8)* ............................... 52
    14. Baden in Andalusien *(ab Klasse 7/8)* .......................... 55
    15. Die Achterbahn „Oblivion" *(ab Klasse 8)* ..................... 60
    16. Zeitwette? *(ab Klasse 9)* ..................................... 63
    17. Paella satt? *(ab Klasse 9)* ................................... 67
    18. Tour de Mathematik *(ab Klasse 9)* ............................. 70
    19. Der kugelrunde Bär *(ab Klasse 9/10)* .......................... 75
    20. Am besten eiskalt genießen *(ab Klasse 9/10)* .................. 78

# Vorwort

Die Bildungsstandards stellen neue Herausforderungen an den Mathematikunterricht. In diesem Buch finden Sie eine Sammlung **offener Aufgaben**, die anders als herkömmliche Mathematikaufgaben nicht auf den ersten Blick einem mathematischen Thema zugeordnet werden können. Oft ist die **Problemsituation nur angedeutet** und es sind **mehrere, verschiedenartige Lösungswege** möglich. Neben den bekannten Rechenfertigkeiten sind sogenannte „**weiche mathematische Tätigkeiten**" verlangt wie Schätzen, Begründen, Überschlagen, Vermuten. Zur Lösung der Aufgaben ist oft die Beschaffung **zusätzlicher Informationen** nötig.

In der Einführung des Buches finden Sie weitere Arbeitsvorlagen für Ihren Unterricht, z. B. eine Zusammenstellung von **Kriterien zur möglichen Bewertung von Schülerleistungen** sowie einen ausgearbeiteten **Bewertungsbogen zur Leistungsbeurteilung**. Darüber hinaus zeigt eine Tabelle genau auf, welche **Leitideen, Kompetenzen und Anforderungsbereiche der Bildungsstandards** mit den einzelnen Aufgaben bzw. Teilaufgaben besonders geübt werden, sodass ein schneller Überblick gewährleistet ist.

Im Inhaltsverzeichnis erfolgt eine Zuordnung der Aufgaben zu den jeweiligen **Jahrgangsstufen**. Da die einzelnen Aufgaben jedoch ohne großen Aufwand **in ihrem Schwierigkeitsgrad variierbar** sind, können sie auch leicht an die Anforderungen höherer Jahrgänge angepasst werden. Jede Aufgabe beginnt mit einem **Bild**. Ein Begleittext liefert die dazu notwendigen Informationen, dann folgen die einzelnen Teilaufgaben, wobei deren Schwierigkeitsgrad von Teilaufgabe zu Teilaufgabe ansteigt. In den **didaktischen Hinweisen** werden die jeweils **notwendigen Vorkenntnisse** aufgeführt sowie **Gestaltungsgedanken** mit **Ideen zur Durchführung und Differenzierung** gegeben. Die **Lösungsvorschläge** selbst sind als Richtwerte zu verstehen und keinesfalls als absolut zu sehen. Vielfach sind auch sehr individuelle Lösungen möglich. Entsprechende Kommentare finden Sie hierzu auch bei den einzelnen Aufgaben. Jede Aufgabe schließt mit einer Vielzahl von **weiterführenden Fragestellungen** zur Vertiefung oder Weiterarbeit am Thema. Auf einem zusätzlichen Bogen sowie der Homepage des Verlages finden Sie noch einmal **alle Fotos in Farbe**.

*Katharina Bühler und Stefan Eigel*

# 1. Theoretische Grundlagen

Die vorliegenden Aufgaben sind speziell dazu konzipiert, die Bildungsstandards Mathematik im Unterricht umzusetzen sowie auf neuartige Prüfungsanforderungen wie etwa den „Erweiterten Kompetenznachweis im Fach Mathematik" (kurz EKM) in Baden-Württemberg vorzubereiten. Mit diesen offenen Aufgaben fördern Sie bei Ihren Schülern gezielt die Fähigkeit, Problemlösestrategien zu entwickeln, komplexe Zusammenhänge zu erkennen und Neues mit bereits Bekanntem zu verknüpfen. Schon ab Klasse 5 sollten Schüler an diesen besonderen Aufgabentypus herangeführt werden, um die dafür nötigen Denk- und Vorgehensweisen von Anfang an zu trainieren. Von großer Bedeutung bei offenen Aufgaben sind das eigenständige Formulieren von Fragestellungen und Vermutungen, das klar strukturierte Aufbereiten und Präsentieren von Ergebnissen sowie das Reflektieren der jeweiligen Vorgehensweise. Der Kommunikation über mathematische Inhalte und Probleme sowie der Versprachlichung von zusammenhängenden Gedankengängen kommt dabei große Bedeutung zu.

# 2. Methodisch-didaktische Hinweise und Einsatzmöglichkeiten

Die vorliegenden Aufgaben sind zwar so konzipiert, dass sie in Einzelarbeit gelöst werden können, jedoch ist **Gruppenarbeit** sinnvoller, da alle Beteiligten durch das Zusammenarbeiten für ihr Lernen profitieren. Kooperatives Lernen trägt entscheidend zu einem produktiven Arbeitsklima und zu einem abwechslungsreichen Unterricht bei. Es unterstützt dabei nicht nur den Aufbau sozialer Kompetenzen, sondern auch fachliche Lernprozesse. In Gruppenarbeit müssen die Schüler Gedachtes sprachlich verständlich umsetzen, argumentieren, andere Perspektiven einnehmen und mit diskrepanten Ansichten und Urteilen umgehen. Kooperation bedarf der Übung, um die erforderlichen sozialen Routinen einzuschleifen und Zeitverluste zu minimieren. Jedes Gruppenmitglied kann sich auf seine Weise und mit seinen Möglichkeiten einbringen und dadurch auch von anderen profitieren, um gemeinsam eine Lösung des Problems zu finden.

Die für die Bearbeitung der Aufgaben benötigte **Zeit** hängt stark vom Leistungsvermögen der Klasse, von der Sozialform und der geforderten Art der Bearbeitung ab. Als grober Richtwert sollte die reine Bearbeitungszeit der Aufgaben ohne Vorbereitung eines Plakates oder eines Vortrags 90 Minuten nicht übersteigen.

Die Präsentationsmöglichkeiten zu den offenen Aufgaben sind vielfältig. An dieser Stelle seien nur schlagwortartig einige genannt:

- schriftliche Arbeiten (Wochenarbeitsheft)
- Gruppenfolie/Gruppenplakat
- Lerntagebuch (Portfolios)
- Präsentationen/Vorträge
- Ausstellungen

# 3. Die Bildungsstandards Mathematik im Überblick

Die Bildungsstandards wurden 2003 von der Kultusministerkonferenz als Reaktion auf die Ergebnisse der PISA-Studie beschlossen. Mit Beginn des Schuljahres 2004/2005 wurden sie für den Mittleren Schulabschluss übernommen und für den Hauptschulabschluss und den Primarbereich zu Beginn des Schuljahres 2005/2006 verbindlich eingeführt.

Die Bildungsstandards beschreiben zum einen die fachbezogenen Kompetenzen und zum anderen die Anforderungsbereiche in diesen Kompetenzen. Die fachbezogenen Kompetenzen werden nach allgemeinen und inhaltsbezogenen Kompetenzen unterschieden.

Die inhaltsbezogenen mathematischen Kompetenzen werden wiederum nach Leitideen geordnet, die im Folgenden kurz erläutert werden.

## 3.1 Leitideen

Die inhaltsbezogenen mathematischen Kompetenzen sind verschiedenen Leitideen zugeordnet. Sie vereinigen Inhalte verschiedener mathematischer Sachgebiete:

| |
|---|
| *Zahl*: <br> Zu dieser Leitidee gehören alle Rechenarten in allen Zahlbereichen, sodass diese Leitidee immer dann eine wichtige Rolle spielt, wenn Rechenverfahren angewendet werden müssen. |
| *Messen*: <br> Zu dieser Leitidee gehört der Umgang mit verschiedenen Maßeinheiten und Größenbereichen. |
| *Raum und Form*: <br> Zu dieser Leitidee gehört die Verwendung der gängigen Begrifflichkeiten der Ebenen- und der Raumgeometrie. |
| *Funktionaler Zusammenhang*: <br> Zu dieser Leitidee gehört der Umgang mit grafischen Darstellungen, dem Koordinatensystem sowie den Grundlagen des Prozentrechnens. |
| *Modellieren*:[1] <br> Zu dieser Leitidee gehören sämtliche Kompetenzen, um realitätsbezogene Sachverhalte mathematisch lösen zu können bzw. mathematische Sachverhalte modellhaft so darzustellen, dass sie gelöst werden können. |
| *Daten und Zufall*: <br> Zu dieser Leitidee gehören der sinnvolle Umgang mit Daten, die Verwendung des Mittelwerts sowie die geordnete Darstellung von ermittelten Daten. |

## 3.2 Allgemeine mathematische Kompetenzen

Die allgemeinen mathematischen Kompetenzen bilden den inhaltlichen Schwerpunkt und Kern der Bildungsstandards in Mathematik. Sie beschreiben die zentralen Aspekte der Mathematik und werden im Folgenden kurz erläutert:

| |
|---|
| *Mathematisch argumentieren*: <br> Zu dieser Kompetenz gehört es, mathematische Aussagen so miteinander zu verbinden, dass eine logische Argumentationskette entsteht. Außerdem umfasst diese Kompetenz die Fähigkeit, Ergebnisse und Behauptungen zu bewerten und zu überprüfen. Für nahezu alle Aufgaben dieses Buches ist sie relevant. |
| *Probleme mathematisch lösen*: <br> Diese Kompetenz beinhaltet die Anwendung geeigneter Strategien, wenn die Lösungsstruktur nicht offensichtlich ist und nicht auf bekannte Lösungswege zurückgegriffen werden kann. Dies trifft auf praktisch alle Aufgaben im vorliegenden Buch zu. |

---
[1] Diese Leitidee wird nur im Bildungsplan Mathematik für Baden-Württemberg beschrieben.

*Mathematisch modellieren:*
Eine realitätsbezogene Situation soll mithilfe von mathematischen Mitteln verstanden und so strukturiert werden, dass eine mathematische Lösung und eine Lösung in der Realität möglich sind. Dies trifft auf alle Aufgaben im vorliegenden Buch zu, da es sich ausschließlich um realitätsbezogene Fragestellungen handelt.

*Mathematische Darstellungen verwenden:*
Aus Diagrammen, Schaubildern, Graphen, Fotos und Skizzen sollen wichtige Informationen entnommen werden. Darüber hinaus sollen sie auch eigenständig entwickelt werden können, um einen Sachverhalt grafisch darzustellen. Auch diese Kompetenz wird in vielen Aufgaben dieses Buches trainiert.

*Mit symbolischen, formalen und technischen Elementen der Mathematik umgehen:*
Zu dieser Kompetenz gehört der Gebrauch von mathematischen Fakten. Dazu gehören Definitionen, Regeln, Formeln oder Gleichungen. Hinzu kommen die sinnvolle Verwendung von Hilfsmitteln wie Formelsammlung oder Taschenrechner sowie der sachgemäße Einsatz von Zeichengeräten wie Geodreieck oder Zirkel.

*Mathematisch kommunizieren:*
Zu dieser Kompetenz gehören das Verstehen von Texten und mündlichen Äußerungen in Bezug auf Mathematik sowie das schriftliche und/oder mündliche Formulieren und Präsentieren von Lösungswegen, Ergebnissen und Überlegungen. Die vorliegenden Aufgaben sind dazu gedacht, in der Gruppe bearbeitet zu werden, sodass diese Kompetenz bei allen Aufgaben gefördert wird.

## 3.3 Anforderungsbereiche

Zum Lösen von Aufgaben werden die allgemeinen mathematischen Kompetenzen in unterschiedlicher Ausprägung benötigt. Hier nennen die Bildungsstandards drei Anforderungsbereiche, die nach Anspruch und kognitiver Komplexität von I nach III zunehmen.

*I. Reproduzieren*
Vertraute Lösungswege werden an identischen Situationen angewendet, ohne dass eigene oder neue Lösungsstrategien gefunden werden müssen.

*II. Zusammenhänge herstellen*
Zur Niveaustufe II gehört es, Informationen selbst zu beschaffen, Lösungswege weiterzudenken oder leicht abzuändern, damit sie an die vorliegende Situation angepasst werden können. Dazu müssen auch Kenntnisse, Fähigkeiten und Fertigkeiten aus verschiedenen Gebieten der Mathematik miteinander verknüpft werden.

*III. Verallgemeinern und Reflektieren*
Zur Niveaustufe III gehört es, komplexe Situationen mathematisch zu lösen, zu bewerten und zu beurteilen.

# 4. Übersicht über die in den Aufgaben trainierten Kompetenzen und Anforderungsbereiche

Auf der folgenden Seite befindet sich zur besseren Orientierung eine Übersicht zur Klassifikation der einzelnen Aufgaben. Auf einen Blick lässt sich feststellen, welche mathematischen Leitideen in den einzelnen Aufgaben zum Einsatz kommen. Im zweiten Tabellenabschnitt ist ersichtlich, welche allgemeinen mathematischen Kompetenzen in welcher Aufgabe trainiert werden. Die dritte Übersicht listet schließlich auf, welche Teilaufgaben den jeweiligen Anforderungsbereichen I–III zuzuordnen sind.

| Aufgabe | Kein Platz im Aquarium? | Pflegeleichte Blumen | Rollt die Treppe? | Hecken ohne Ende | Mit dem Mountainbike über den Wolken | The Giant's Head | Mathebücher für alle | Lörracher Langer Egon | Kraftstoff aus Sonnenblumen | Arbeit im Garten | Mauer aus Fels-Gabionen | Die Spitze des Eisbergs | Im freien Fall | Baden in Andalusien | Achterbahn "Oblivion" | Zeitwette? | Paella satt? | Tour de Mathematik | Der kugelrunde Bär | Am besten eiskalt genießen |
|---|---|---|---|---|---|---|---|---|---|---|---|---|---|---|---|---|---|---|---|---|
| **Leitideen** | | | | | | | | | | | | | | | | | | | | |
| Zahl | x | x | x | x | – | – | x | x | x | x | x | x | x | x | x | x | x | x | x | x |
| Raum und Form | – | – | – | x | x | x | x | x | – | x | x | x | – | x | x | x | x | x | x | – |
| Messen | x | x | x | x | x | x | x | x | x | x | x | – | x | x | x | x | x | – | x | – |
| Daten und Zufall | – | – | – | – | x | – | x | – | – | (x) | x | x | – | (x) | x | x | – | x | (x) | x |
| Modellieren | x | x | x | x | x | x | x | x | x | x | x | x | x | x | x | x | x | x | x | x |
| funktionaler Zusammenhang | – | (x) | – | x | x | (x) | – | – | x | x | x | (x) | x | (x) | x | x | – | x | (x) | (x) |
| **Allgemeine mathematische Kompetenzen** | | | | | | | | | | | | | | | | | | | | |
| mathematisch argumentieren | x | x | x | (x) | – | x | (x) | x | – | x | x | – | x | x | x | x | x | x | x | x |
| Probleme mathematisch lösen | x | x | x | x | x | x | x | x | x | x | x | x | x | x | x | x | x | x | x | (x) |
| mathematisch modellieren | x | x | – | x | x | x | (x) | – | x | x | x | x | x | x | x | x | x | x | x | x |
| mathematische Darstellungen verwenden | – | – | – | x | x | x | – | x | – | x | x | x | x | – | x | – | x | x | – | – |
| mit symbolischen, formalen und technischen Elementen der Mathematik umgehen | – | (x) | (x) | (x) | x | x | – | x | x | – | x | x | x | x | x | x | – | x | x | (x) |
| Kommunizieren | x | x | x | x | x | x | x | x | x | x | x | x | x | x | x | x | x | x | x | x |
| **Anforderungsbereiche** | | | | | | | | | | | | | | | | | | | | |
| Reproduzieren (I) | 1–4 | 1 | 1 | 1,2 | 1,2 | – | 1,2,5 | 1,2,4,5,7 | 1,2 | – | 1 | – | – | 1,2 | – | – | – | 1 | 1–3 | 1–4 |
| Zusammenhänge herstellen (II) | 5,6 | 2,3 | 2–4 | 3–6 | 3–7 | 1–3 | 3,4,6 | 3,6 | 3,4 | 1,2 | 2,3 | 1,2,3 | 1,2 | 3–5 | 1–3 | x | 1–3 | 2–5 | 4–7 | 5–7 |
| Verallgemeinern und Reflektieren (III) | – | 4 | – | – | – | 4,5 | – | – | 5 | 3 | 4 | 4,5 | 3 | 6,7 | 4,5 | x | 4 | – | – | 8 |

(X) = wird ansatzweise, aber nicht maßgeblich trainiert

# 5. Leistungsbeurteilung

## 5.1 Bewertung von Gruppenarbeit

Für Leistungen, die in der Gruppe erbracht werden, stellt sich immer auch die Frage nach einer sinnvollen Beurteilung. Gerade im Fach Mathematik wird häufig das Endprodukt nach den Kriterien „richtig" und „falsch" gemessen und entsprechend bewertet. Gruppenarbeit erfordert jedoch eine nicht nur ergebnisfixierte, sondern auch **prozessorientierte Bewertung**, bei der das Verhalten in der Gruppe, die Beiträge zur Problemlösung und die Fähigkeit zu Moderation und Präsentation berücksichtigt werden. Hierbei stößt man aber sehr schnell auf einige Probleme:

- Der genaue Verlauf einer gruppeninternen Diskussion kann nicht immer vollständig verfolgt werden.
- Die Anwesenheit des Lehrers kann dazu führen, dass einige Schüler gehemmt werden, andere dagegen sich profilieren.
- Da die Anteile an einer Aufgabe innerhalb einer Gruppe aufgeteilt werden, kann die individuelle Leistungsfähigkeit oftmals nicht genau bewertet werden.

Da es nicht möglich ist, die Entstehung und Entwicklung einer Lernleistung kontinuierlich zu verfolgen, können Einblicke in den Lernprozess also nur punktuell erfolgen. Einfacher wird die Bewertung mithilfe eines Beobachtungs- und Bewertungsbogens mit transparenten Kriterien. Dieser Kriterienkatalog muss den Schülern vorgestellt werden, sodass sie wissen, was beobachtet und bewertet wird, denn wesentlich für alle Beurteilungsschemen sind Transparenz, Verlässlichkeit und Nachvollziehbarkeit. „Überraschungen" wie plötzliche, unklare Änderungen des Schemas müssen vermieden werden, da sie die Vertrauensbasis bzw. die Verlässlichkeit empfindlich stören. In 5.2 finden Sie einen Bewertungsbogen zur Leistungsbeurteilung, den Sie in Ihrem Unterricht verwenden können.

Bei der Leistungsbeurteilung ist auch eine zweite Vorgehensweise denkbar, in der sich die Gruppe ein Stück weit **selbst beurteilen** und einschätzen kann:
Die Gruppe erhält vom Lehrer für das Ergebnis ihrer Gruppenarbeit eine Beurteilung in Form einer Punktzahl von 1–100. Diese Gruppenpunktzahl kann ebenfalls aus dem unten stehenden Beobachtungsbogen ermittelt werden. Daraus ergibt sich durch Multiplikation mit der Anzahl der Gruppenmitglieder eine Gesamtpunktzahl für jede Gruppe. Die Gruppenmitglieder verteilen diese Punkte in eigener Verantwortung auf die einzelnen Gruppenmitglieder.

*Beispiel:*
Eine Gruppe mit 4 Schülern erhält 75 von 100 möglichen Punkten. Die Gruppe hat also 300 Punkte zur Verfügung. Von der Gruppe selbst wird ein Vorschlag zur Punkteverteilung erarbeitet, z. B. Person A: 55 Punkte, Person B: 80 Punkte, Person C: 75 Punkte und Person D: 90 Punkte. Am Anfang tendieren die Schüler vielleicht noch dazu, jedem Gruppenmitglied die gleiche Punktzahl zu geben. Wenn diese Bewertungsform jedoch häufiger eingesetzt wird, kommt die Gruppe nach und nach zu einer differenzierteren Punkteverteilung.

## 5.2 Bewertungsbogen zur Leistungsbeurteilung

Der Beobachtungsbogen auf der nächsten Seite ist ein Vorschlag und kann jederzeit verändert werden. Er ist sowohl zur Beobachtung einzelner Schüler als auch von Gruppen geeignet. Die einzelnen Bewertungskriterien können gestrichen oder durch eigene Vorschläge ersetzt werden. Auch eine andere Punkteverteilung und damit eine andere Gewichtung einzelner bewertbarer Fähigkeiten sind möglich. Durch die Veränderung innerhalb des Bewertungs- und Beobachtungsbogens ergibt sich auch immer eine neue Maximalpunktzahl. Um mit der variierenden Maximalpunktzahl die Note auszurechnen, ist folgende Formel hilfreich:

$$\text{Note} = 6 - \frac{5 \cdot \text{erreichte Punktzahl}}{\text{maximale Punktzahl}}$$

## Schülerbeobachtungsbogen

| Zeitraum: | max. Punktzahl | Schüler 1 | Schüler 2 | Schüler 3 | Schüler 4 | … | oder: Gruppe 1 | Gruppe 2 | Gruppe 3 | … |
|---|---|---|---|---|---|---|---|---|---|---|
| **I. Bewertung der mathematischen Prozesse (20 Punkte)** | | | | | | | | | | |
| Verständnis der Aufgabe | 2 | | | | | | | | | |
| richtige Lösung der Aufgabe | 2 | | | | | | | | | |
| sauberes und übersichtliches Arbeiten | 2 | | | | | | | | | |
| Vorhandensein mathematischer Grundkenntnisse | 2 | | | | | | | | | |
| Vernetzen verschiedener mathematischer Inhalte | 2 | | | | | | | | | |
| verständliche Darstellung von Lösungsvorschlägen für die Lerngruppe (durch Verwendung von Skizzen, mathematischen Hilfsmitteln usw.) | 2 | | | | | | | | | |
| Fähigkeit, mathematisch zu diskutieren | 2 | | | | | | | | | |
| der Aufgabenstellung angepasste Arbeitsgeschwindigkeit | 2 | | | | | | | | | |
| kompetente Reaktion auf Zwischen- oder Nachfragen | 2 | | | | | | | | | |
| Benutzung mathematischer Geräte (Taschenrechner, Formelsammlung, …) | 2 | | | | | | | | | |
| **II. Durchführung/Fachliche Qualifikation (36 Punkte)** | | | | | | | | | | |
| **1. *Organisation und Ausführung der Arbeitsaufgaben* (12 Punkte)** | | | | | | | | | | |
| Zielstrebigkeit | 2 | | | | | | | | | |
| Genauigkeit | 2 | | | | | | | | | |
| systematisches Vorgehen/Selbstständigkeit | 2 | | | | | | | | | |
| Organisationsfähigkeit | 2 | | | | | | | | | |
| Koordinationsfähigkeit | 2 | | | | | | | | | |
| Verantwortungsbereitschaft | 2 | | | | | | | | | |
| **2. *Kommunikationsfähigkeiten* (18 Punkte)** | | | | | | | | | | |
| Offenheit/Umgangsform | 2 | | | | | | | | | |
| Ausdrucksfähigkeit | 2 | | | | | | | | | |
| Kooperations-/Teamfähigkeit | 2 | | | | | | | | | |
| Konfliktbewältigung | 2 | | | | | | | | | |
| Mitdenken | 2 | | | | | | | | | |
| Zuverlässigkeit | 2 | | | | | | | | | |
| umsichtiges Handeln/Hilfsbereitschaft | 2 | | | | | | | | | |
| eigene Meinung vertreten | 2 | | | | | | | | | |
| Fähigkeit zur Selbstkritik | 2 | | | | | | | | | |
| **3. *Belastbarkeit* (6 Punkte)** | | | | | | | | | | |
| Konzentrationsfähigkeit | 2 | | | | | | | | | |
| Frustrationstoleranz | 2 | | | | | | | | | |
| Ausdauer | 2 | | | | | | | | | |
| **III. Präsentation (20 Punkte)** | | | | | | | | | | |
| äußere Form der Darstellung der Arbeitsergebnisse | 3 | | | | | | | | | |
| Art der Darstellung (Skizzen, Modelle, …) | 3 | | | | | | | | | |
| Ausdrucksfähigkeit | 3 | | | | | | | | | |
| Präsentationsformen | 3 | | | | | | | | | |
| Ziel/Ergebnis (inhaltlich) | 3 | | | | | | | | | |
| schriftliche Ausarbeitung (Projektordner) (*hier:* 5 Punkte) | 5 | | | | | | | | | |
| **IV. Kolloquium/Reflexion (8 Punkte)** | | | | | | | | | | |
| Schwierigkeiten erkennen | 2 | | | | | | | | | |
| Lösungen finden | 2 | | | | | | | | | |
| Verbesserungsvorschläge machen | 2 | | | | | | | | | |
| Kritikfähigkeit | 2 | | | | | | | | | |
| **Gesamtbewertung – 84 Punkte** | | | | | | | | | | |

# 1. Kein Platz im Aquarium?

**Aufgabenblatt**

**!** Das abgebildete Süßwasseraquarium hat die Grundform eines Viertelkreises. Es ist 60 cm hoch und fasst 200 l. Der im Vordergrund links oben schwimmende Fisch ist ein Hoher Segelflosser (Skalar) und etwa 15 cm hoch. Im Aquarium befinden sich außerdem

1 weiterer Skalar (Höhe/Länge 15 cm)   20 Rote Neonsalmler (Länge 3 cm)
3 Antennenwelse (Länge 11 cm)          1 Panda-Panzerwels (Länge 4 cm)
2 Indische Glaswelse (Länge 7 cm)      3 Grüne Fransenlipper (Länge 8 cm)
2 Haibarben (Länge 9 cm)               2 Saugschmerlen (Länge 7,5 cm)
3 Prachtschmerlen (Länge 10 cm)

Nicht alle Fische haben die maximale Länge erreicht.

## Aufgaben

1. Wie viele Fische befinden sich insgesamt im Aquarium?

2. Ordne die Fische der Größe nach. Beginne mit den kleinsten.

3. Unter Aquarienliebhabern gilt folgende Regelung zum Fischbesatz: Pro 1 cm Fisch sollte mindestens 1 Liter Wasser zur Verfügung stehen. (Da die Antennenwelse nicht schwimmen, sondern sich nur am Boden oder an der Scheibe festsaugen, zählen sie nicht mit.) Haben die Fische genügend Platz? Könnten sogar noch Fische dazugekauft werden?

4. Zur Reinigung des Aquariums sollten pro Woche etwa 25% (50 l) des Wassers mit einer Pumpe ausgepumpt werden und durch frisches Wasser ersetzt werden. Die Pumpe pumpt in 1 Minute etwa 2 Liter Wasser aus dem Aquarium. Wie lange muss gepumpt werden, um die erforderliche Menge Wasser aus dem Aquarium zu pumpen?

5. Wie hoch ist der Wasserverbrauch für das Aquarium pro Jahr?

6. Informiere dich im Internet über einen dieser Fische genauer und erstelle einen Steckbrief mit folgenden Angaben: maximale Größe, Vorkommen, ideale Wassertemperatur, sonstige Besonderheiten.

# 1. Kein Platz im Aquarium?

**Hinweise & Lösungen**

## 👉 Didaktische Hinweise

*Notwendige Vorkenntnisse der Schüler*

- Grundrechenarten
- Rechnen mit Längenmaßen
- Rechnen mit Zeiteinheiten
- Rechnen mit Raummaßen
- Informationsbeschaffung: Steckbrief Fische

Die Typisierung der Fische kann als Teil des Unterrichts eingebunden werden.
Links und rechts am Bildrand in der Mitte sind 2 Haibarben zu sehen. In der Bildmitte sind 2 Siamesische Saugschmerlen zu sehen, unterhalb kann man einen Indischen Glaswels erahnen. Am unteren Bildrand in der Mitte sowie am linken Bildrand sind 2 Grüne Fransenlipper zu sehen. Unten rechts am Bildrand sieht man einen Indischen Glaswels. Die restlichen Fische sind Rote Neonsalmler.

*Gestaltungsgedanke*

Die Aufgabe erfordert sehr genaues und gründliches Lesen. Es kommen sehr viele unterschiedliche Größen vor (Längenangaben, Rauminhalte, Zeitangaben). Deshalb ist es vor allem bei leseschwachen Schülern von Vorteil, die Aufgaben gemeinsam zu lesen und zu besprechen, um eventuelle Verständnisschwierigkeiten auszuräumen, die nicht auf ein mathematisches Problem zurückzuführen sind.

*Mögliche Differenzierung*

Einfache Differenzierungsmöglichkeiten ergeben sich, indem beispielsweise die Längenangaben verändert und in unterschiedlichen Einheiten angegeben werden können. So kann ein weiterer mathematischer Aspekt, nämlich das Umrechnen der einzelnen Längenangaben, eingebracht werden. Vereinfacht werden kann die Aufgabe, indem die Anzahl der (nicht sichtbaren) Fische reduziert wird.

##  Lösungsvorschläge

1. Im Aquarium befinden sich momentan **38 Fische**. (2 Skalare müssen gezählt werden)

2. Neonsalmler – Panda-Panzerwels – Indische Glaswelse – Saugschmerlen – Grüne Fransenlipper – Haibarben – Prachtschmerlen – Antennenwelse – Skalare

3. 
   | | | |
   |---|---|---|
   | 2 · 15 cm | = 30 cm | (Skalare) |
   | 20 · 3 cm | = 60 cm | (Neonsalmler) |
   | 1 · 4 cm | = 4 cm | (Panda-Panzerwels) |
   | 2 · 7 cm | = 14 cm | (Indische Glaswelse) |
   | 3 · 8 cm | = 24 cm | (Grüne Fransenlipper) |
   | 2 · 9 cm | = 18 cm | (Haibarben) |
   | 2 · 7,5 cm | = 15 cm | (Saugschmerlen) |
   | 3 · 10 cm | = 30 cm | (Prachtschmerlen) |
   | | **195 cm** | |

# 1. Kein Platz im Aquarium? — Hinweise & Lösungen

Momentan haben die Fische genügend Platz. Da noch nicht alle die maximale Größe erreicht haben, sollten trotzdem keine weiteren Fische mehr eingesetzt werden.

4. 50 l · 0,5 min = 25 min

   Man benötigt etwa **25 Minuten**, um die geforderte Menge Wasser herauszupumpen.

5. 50 l · 52 = 2 600 l

   Der Wasserverbrauch beträgt **2 600 Liter** pro Jahr.

6. Individuelle Lösungen möglich.
   Wenn von allen Fischen ein Steckbrief erstellt wurde, ist es interessant, neu nach der Größe zu ordnen. Außerdem kann man diskutieren, welche Temperatur für das Aquarium am besten geeignet ist. Dieses Aquarium wird auf 27 °C beheizt. (Im Sommer steigt die Temperatur manchmal über den geeigneten Wert an, da das Aquarium nicht gekühlt werden kann.)

## ? Weitere mögliche Fragestellungen

- Finde selbst eine Frage, die du mithilfe des Bildes oder der Angaben lösen kannst. Schreibe Frage, Rechnung und Antwort auf.

- Wie groß ist der Radius des Aquariums?

- Neben Wasser- und Stromverbrauch für die Heizung und den Filter entstehen weitere Fixkosten:
  - Fischfutter (5 €/Monat)
  - 2 unterschiedliche Wasseraufbereiter (jeweils 500 ml zu je 10,00 €), diese müssen nach jedem Wasserwechsel angewendet werden. Ein Mittel reicht für 5 000 l, das andere Mittel für 2 000 l (immer bezogen auf die gewechselte Menge).
  - Dünger für die Grünpflanzen (8 €), ausreichend für 2 000 l Wasser (bezogen auf die gewechselte Menge)
  - 2 neue Neonröhren pro Jahr (je 25 €)

- Zusätzliche Kosten entstehen durch:
  - Medikamente (zwischen 6 und 15 €, je nach Menge und Art des Medikaments)
  - neues Filtermaterial (ab 5 €)
  - neue Pflanzen (3–10 € pro Stück)
  - neue Fische (1,50–10 €)

- Berechne die Kosten pro Jahr.

- Informiere dich in einer Tierhandlung über die Preise für die einzelnen Fische.

- Weitere interessante Aufgaben sind mit folgendem Aquarium möglich:

Das weltweit größte zylindrische Meeresaquarium befindet sich im Foyer des Radisson SAS Hotels in Berlin. Der 25 m hohe Zylinder aus Acrylglas fasst rund 1 Million Liter künstlich hergestelltes Meerwasser. Rund 2 600 exotische Fische aus über 50 verschiedenen Arten sind dort zu sehen.

## 2. Pflegeleichte Blumen

**Aufgabenblatt**

! Das Bild zeigt eine Auswahl an gefilzten Blüten. Um solche Blüten herzustellen, benötigt man Filzwolle in verschiedenen Farben, eine Filznadel und eine weiche Unterlage, wie etwa einen Tafelschwamm, außerdem Fingerspitzengefühl und natürlich Geduld. Es dauert mindestens 30 Minuten, eine solche Blume fertigzustellen. Der Topf ist mit Sand gefüllt. Damit es schöner aussieht, ist auf dem Sand eine dünne Schicht Dekosplitt.

Folgende Kosten entstehen dabei:

| | |
|---|---|
| Filzwolle, 500 g bunte Mischung | 13,95 € |
| Blumentopf, Stück | 0,39 € |
| Blumendraht, 10 m | 1,98 € |
| Sand, 20 kg | 2,99 € |
| Dekosplitt, 15 kg | 6,79 € |
| Bast, 50 g | 1,99 € |
| Filznadel, Stück | 0,25 € |

Pro Filzblume werden etwa 5 g Filzwolle benötigt sowie 2 g Bast für die Schleife um den Topf herum. Der Sand reicht aus, um 100 Töpfe zu befüllen. Der Dekosplitt reicht aus, um 200 Töpfe zu befüllen. Die Filznadeln können mehrfach verwendet werden, sofern sie nicht kaputtgehen.

## Aufgaben

Stelle dir vor, deine Klasse möchte solche Blumentöpfe als Muttertagsgeschenk herstellen und kauft das oben genannte Material ein. Pro Schüler werden 2 Filznadeln benötigt, da diese sehr leicht kaputtgehen.

1. Wie viel kostet das Material zusammen?
2. Die Kosten sollen gerecht geteilt werden. Wie viel muss jeder bezahlen?
3. Wie hoch ist der Materialpreis für **eine** Blume mit sämtlichem Zubehör?
4. Eine andere Klasse entscheidet sich, dieselben Blumen herzustellen und zu verkaufen. Das Geld soll für das Schullandheim verwendet werden. Wie hoch sollte der Preis für eine Blume sein? Mache einen Preisvorschlag und begründe deine Meinung.

## 2. Pflegeleichte Blumen — Hinweise & Lösungen

### 👉 Didaktische Hinweise

*Notwendige Vorkenntnisse der Schüler*
- Grundrechenarten
- Rechnen mit Geld
- Rechnen mit Dezimalbrüchen
- Argumentieren
- sinnvolles Runden

*Gestaltungsgedanke*

Die Preisangaben entsprechen der Realität, sodass aus der Aufgabe tatsächlich ein Filzprojekt abgeleitet werden kann. Als motivierend hat sich ebenfalls herausgestellt, wenn reales Anschauungsmaterial zur Verfügung steht.

*Mögliche Differenzierung*

Die Angaben für den Blumendraht müssen noch selbst festgelegt werden. Dies lässt sich aus dem Bild ersehen. Es werden ca. 20 cm pro Blume benötigt. Dabei entsteht kein Abfall.
Um die Aufgabe einfacher zu gestalten, kann man vorgeben, dass der Blumendraht für ca. 50 Blumen ausreicht. Außerdem ist es möglich, für diese Aufgabe den Einsatz des Taschenrechners zu erlauben, da sich die Rechnungen häufig im Cent-Bereich bewegen und das Rechnen mit dem Komma eine große Schwierigkeit darstellt. So wird das Hauptaugenmerk eher auf den Lösungsweg gelenkt, weniger auf das mechanische Rechnen. Des Weiteren können die Zahlen aufgerundet werden, sodass das Komma wegfällt. Dies vereinfacht die Aufgabe ebenfalls.

 **Lösungsvorschläge** (bezogen auf eine Klassenstärke von 25 Schülern)

1. Bei 25 Schülern entstehen folgende Kosten:

   | | |
   |---|---|
   | Wolle: | 13,95 € |
   | 25 Töpfe: | 9,75 € |
   | Blumendraht: | 1,98 € |
   | Sand: | 2,99 € |
   | Dekosplitt: | 6,79 € |
   | Bast: | 1,99 € |
   | 50 Nadeln: | 12,50 € |
   | | 49,95 € |

   Die Gesamtkosten betragen **49,95 €**.

2. 49,95 € : 25 = 1,998 € ≈ 2,00 €

   Jeder Schüler muss **2 €** bezahlen.

# 2. Pflegeleichte Blumen — Hinweise & Lösungen

3. Alle Angaben wurden anteilsmäßig berechnet, ohne Kosten für die Nadeln.

   | | |
   |---|---|
   | Wolle: | 0,14 € |
   | Topf: | 0,39 € |
   | Sand: | 0,03 € |
   | Dekosplitt: | 0,03 € |
   | Bast: | 0,08 € |
   | Blumendraht: | 0,04 € |
   | Gesamtkosten: | 0,71 € |

   Der Materialpreis ohne Nadeln beträgt ca. **70 bis 80 ct**.

4. Die Blumen sollten für mindestens 2 € verkauft werden. Der Materialpreis beträgt bereits 70 ct. Außerdem bleibt Material übrig, das aber eingekauft werden musste. Der Arbeitsaufwand ist hoch, und es sollte ein Gewinn erzielt werden.

   Preisvorschläge **zwischen 1,80 € und ca. 3,00 €** sollten als korrekt angenommen werden, sofern eine schlüssige Erklärung gegeben wird.

## ❓ Weitere mögliche Fragestellungen

- Finde selbst eine Frage, die du mithilfe des Bildes oder der Angaben lösen kannst. Schreibe Frage, Rechnung und Antwort auf.
- Von einigen Materialien bleiben Reste, wenn jeder Schüler nur eine Blume filzt. Welche Materialien sind übrig und wie viel ist davon übrig?
- Für ein Schulfest sollen 200 Blumen gefilzt werden. Wie viel Material wird benötigt? Wie hoch sind die Kosten hierfür? Wie viele Helfer sind nötig, um die Blumen an einem Vormittag fertigzustellen?
- Wenn jede Blume für 2,50 € verkauft wird, wie hoch ist dann der Gewinn?
- Zeichne mögliche Blütenformen auf, die du gerne filzen würdest.

# 3. Rollt die Treppe?

❗ Die Geschwindigkeiten von Fahrtreppen sind standardisiert, sie dürfen sich nur mit einer Geschwindigkeit von 0,5 Metern pro Sekunde (1,8 km/h), 0,65 Metern pro Sekunde (2,34 km/h) oder maximal 0,75 Metern pro Sekunde (2,7 km/h) bewegen. Fahrtreppen mit der langsamen Geschwindigkeit kommen hauptsächlich in Kaufhäusern zum Einsatz, die beiden schnelleren in U-Bahnen und Flughäfen.

## Aufgaben

1. Aus wie vielen Stufen besteht die Rolltreppe, die nach unten führt? Erkläre deine Lösung.
2. Wie viele Menschen können maximal gleichzeitig befördert werden? Begründe deine Lösung.
3. Wie lange dauert die Fahrt von einem zum anderen Stockwerk, ohne zusätzlich zu laufen?
4. Die längste ununterbrochene Rolltreppe der Welt befindet sich in der Metro-Station Wheaton in Washington D.C. Eine Fahrt auf dieser Rolltreppe benötigt ca. 3,5 Minuten ohne zusätzliches Laufen. Wie lang ist diese Rolltreppe?

Metro-Station Wheaton

# 3. Rollt die Treppe?

**Hinweise & Lösungen**

## 👉 Didaktische Hinweise

*Notwendige Vorkenntnisse der Schüler*

- Rechnen mit Zeit
- Rechnen mit Geschwindigkeiten
- Dreisatz
- Umgang mit diskontinuierlichen Texten

### Gestaltungsgedanke

In diese Aufgabe können Rolltreppen in der näheren Umgebung der Schüler eingebunden werden.
Der Arbeitsauftrag könnte u. a. lauten:
– Zähle die Treppenstufen der Rolltreppe.
– Wie schnell ist diese Rolltreppe?

### Mögliche Differenzierung

Zur Differenzierung können Werte im Aufgabentext, die für die eigentliche Rechnung nicht relevant sind, gestrichen werden.
Um die Anzahl der Treppenstufen einer Rolltreppe genau zu bestimmen, kann eine technische Zeichnung zu Verfügung gestellt werden, an der man die Stufen am Wendepunkt zählen kann.

##  Lösungsvorschläge

1. Da die Rolltreppe wie eine Kette läuft, muss man die auf dem Bild sichtbaren Stufen verdoppeln, um so die ungefähre Anzahl der Stufen zu erhalten. Außerdem sollten beim Ein- und Ausstieg jeweils noch 2 Stufen eingerechnet werden.

   sichtbar: 28 Stufen
   mit nicht-sichtbaren Stufen: ca. 32 Stufen ⊃ verdoppelt: ca. 64 Stufen

   Die Rolltreppe besteht also aus ca. **64 Stufen**.

2. Auf jeder Stufe haben max. 2 Erwachsene Platz.

   Sichtbare Stufen: 28 ⊃ **Max. 56 erwachsene Personen** können gleichzeitig befördert werden.
   Hinweis: Hier sind je nach Voraussetzungen mehrere Möglichkeiten denkbar (Kinder, Kinderwagen, Koffer, …). Die Antworten sollten begründet werden.

3. Zuerst muss die Länge der Rolltreppe geschätzt werden. Dafür kann der Polizist als Hilfe dienen. Ein erwachsener Mann ist ca. 1,80 m bis 1,85 m groß. Aus dem Bild gemessen ergibt sich ungefähr 1,8 cm ≙ 1,80 m, d. h. 1 cm ≙ 1 m.

   Die Länge kann also gemessen werden. Die Rolltreppe ist ca. **9 Meter** lang.

# 3. Rollt die Treppe? — Hinweise & Lösungen

Lösung mit Dreisatz:

0,75 m ≙ 1 s
9 m ≙ x

$$x = \frac{9 \text{ m} \cdot 1 \text{ s}}{0{,}75 \text{ m}}$$

x = 12 s

Die Fahrt mit der Rolltreppe dauert ca. **12 Sekunden**.

4. Fahrtdauer 3,5 min

Lösung mit Dreisatz:

1 s ≙ 0,75 m
210 s ≙ x

$$x = \frac{210 \text{ s} \cdot 0{,}75 \text{ m}}{1 \text{ s}}$$

x = 157,5 m

Die Rolltreppe ist ca. **157,5 Meter** lang.

## (?) Weitere mögliche Fragestellungen

- Vergleiche die Geschwindigkeit der Rolltreppe mit deiner Geschwindigkeit beim Treppensteigen, beim normalen Gehen und beim Rennen. Bist du schneller als die Rolltreppe?
- Vergleiche die Geschwindigkeit der Rolltreppe mit der eines Aufzugs.
- Welche Möglichkeit, ein Stockwerk zu wechseln, würdest du wählen? Begründe.
- Berechne, wie lange du benötigen würdest, wenn du die Rolltreppe gegen die Fahrtrichtung nach oben oder nach unten laufen würdest (bei normalem Gehen und beim Rennen).

# 4. Hecken ohne Ende

**Aufgabenblatt**

Auf dem Bild sind Thujapflanzen zu sehen, eine beliebte Heckenpflanze. Das Quartier (Fachbegriff für ein bestimmtes Feld einer Baumschule) für die Thujen ist 200 m lang und 15 m breit. Es sind 25 Reihen Thujen angepflanzt. Der Abstand zwischen den einzelnen Reihen beträgt 60 cm. Der Abstand zwischen den Pflanzen beträgt von Stamm zu Stamm 40 cm. Die Stämme haben einen Durchmesser von 5 cm. Die abgebildeten Pflanzen sind 4 Jahre alt und zwischen 40 cm und 60 cm hoch. Diese Art von Thuja kann eine Höhe von bis zu 10 m erreichen. Eine besondere Art der Thuja ist in Nordamerika beheimatet. Diese kann bis zu 60 m hoch werden.

*Preisliste für die abgebildeten Pflanzen:*

| 1 Thujapflanze | 7,20 € (inklusive 7 % Mehrwertsteuer) |
|---|---|
| ab 5 Thujapflanzen | je 6,35 € (inklusive 7 % Mehrwertsteuer) |
| ab 25 Thujapflanzen | je 5,55 € (inklusive 7 % Mehrwertsteuer) |

## Aufgaben

1. Wie viele Thujapflanzen sind auf dem Quartier angepflanzt?
2. Wie viel Euro werden eingenommen, wenn jede Pflanze für 7,20 € verkauft wird? Wie viel Euro sind es, wenn jede Pflanze für 5,55 € verkauft wird? Wie groß ist der Einnahmenunterschied?
3. Um eine dichte Hecke zu bekommen, sollten 3 Pflanzen pro Meter eingepflanzt werden. Wie viele Pflanzen werden benötigt, um ein rechteckiges Grundstück zu umpflanzen, das 12 m lang und 8 m breit ist? Wie viel kosten die Pflanzen zusammen?
4. Für wie viel Meter Hecke sind die Pflanzen dieses Quartiers ausreichend?
5. Wie viele Grundstücke mit denselben Maßen wie in Aufgabe 4 kann man damit umpflanzen?
6. Fertige eine maßstabsgetreue Skizze von 3 Reihen zu je 5 Thujapflanzen an (Maßstab 1:10; 1 cm in Wirklichkeit entspricht dabei 1 mm in der Skizze).

# 4. Hecken ohne Ende

## Hinweise & Lösungen

### ☞ Didaktische Hinweise

> *Notwendige Vorkenntnisse der Schüler*
> - Grundrechenarten
> - Grundkenntnisse zum Umfang eines Rechtecks
> - Rechnen mit Längen
> - Rechnen mit Geld
> - sinnvolles Runden
> - hohe Lesefertigkeit

### Gestaltungsgedanke

Es handelt sich um realitätsnahe Angaben. Interessant ist es beispielsweise, die Quartiergröße auf dem Schulhof oder dem Sportplatz nachzustellen, um zu verdeutlichen, mit welcher Fläche hier gearbeitet wird. Vergleiche mit ortsansässigen Baumschulbetrieben und deren Anbauflächen sind ebenfalls sinnvoll. Außerdem sind Vergleiche mit älteren Thujahecken nützlich, um zu überprüfen, ob die dortigen Abstände wirklich zu einer dichten Hecke führen, bzw. Erkundigungen einzuholen, wie alt die Hecken jeweils sind.

### Mögliche Differenzierung

Um die Aufgabe einfacher und übersichtlicher zu gestalten, kann man die Anzahl und die Länge der einzelnen Reihen reduzieren bzw. die Anzahl der Pflanzen sogar vorgeben. Außerdem kann man die 1. Aufgabe auch gemeinsam im Klassenverband lösen, um sicherzustellen, dass die Schüler den Durchmesser der Pflanzen mitberücksichtigen. Erschwert werden kann die Aufgabe, indem die unterschiedlichen Mehrwertsteuersätze eingebaut werden (siehe auch „weitere mögliche Fragestellungen").

 ### Lösungsvorschläge

1. Die Anzahl der Pflanzen lässt sich wie folgt berechnen (berücksichtigt werden muss der Abstand und der Durchmesser eines Stammes = 45 cm):

   200 m : 0,45 m = 444,44 ≈ 445

   In einer Reihe stehen also 445 Pflanzen. Bei 25 Reihen errechnet sich also:

   25 · 445 = **11 125** (Pflanzen)

2. bei 7,20 €:      11 125 · 7,20 € = 80 100 €

   bei 5,55 €:      11 125 · 5,55 € = 61 743,75 €

   Differenz:      80 100 € − 61 743,75 € = 18 356,25 €

   Die Einnahmendifferenz beträgt **18 356,25 €**.

3. Der Umfang des Grundstücks beträgt: 2 · (12 m + 8 m) = 40 m

   40 m · 3 Pflanzen/m = 120 Pflanzen

   Kosten: 120 · 5,55 € = 666 €

   Es entstehen Kosten von **666 €**.

# 4. Hecken ohne Ende

**Hinweise & Lösungen**

4. 11 125 : 3 = 3 708,3 m

   Die Pflanzen reichen aus, um **3,708 km** Hecke zu pflanzen.

5. 3 708 m : 40 m = 92,7

   Die Pflanzen dieses Quartiers reichen aus, um **93 Grundstücke** zu umpflanzen.

6. **Skizze** (im Querformat)

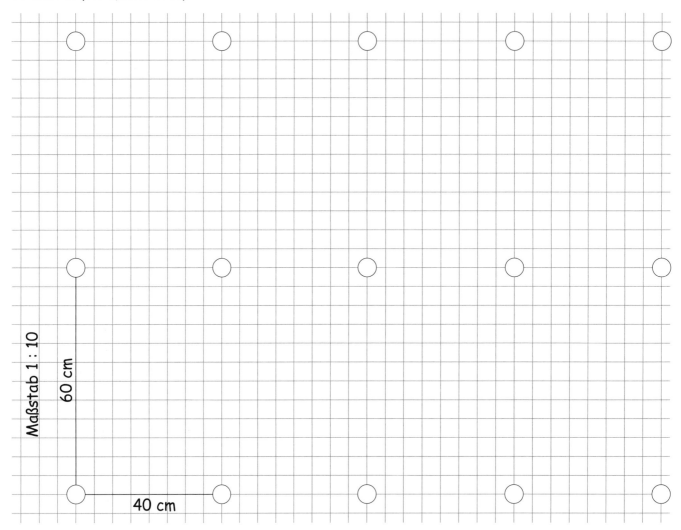

## ? Weitere mögliche Fragestellungen

- Wie viele Thujen werden benötigt, um deinen Garten, einen Parkplatz oder einen Spielplatz in deiner Nähe zu umpflanzen?
- Wie viele Thujen werden benötigt, um den Schulhof deiner Schule zu umpflanzen? Welche Kosten würden hierfür entstehen?
- Wie viele Thujen kann man einsparen, wenn man den Abstand zwischen den Pflanzen auf 40 cm vergrößert?
- Wie viel würden die Pflanzen kosten, wenn für sie der normale Mehrwertsteuersatz gelten würde?

# 5. Mit dem Mountainbike über den Wolken

**Aufgabenblatt**

Bild der Naturnser Alm. Im Tal befindet sich der Ort Naturns.

Bei einer Tagestour mit dem Mountainbike fahren vier Biker die Strecke von Schluderns im Vinschgau (Südtirol) bis nach St. Walburg im Ultental.
Für die gesamte Strecke benötigt die Gruppe 9 h und 15 min.
In dieser Zeit sind die Pausen von insgesamt 1,5 h Stunden schon eingerechnet.
Für den Anstieg von Naturns bis zur Naturnser Alm benötigt ein Fahrer der Vierergruppe 1 h 55 min. Die restlichen drei brauchen 9 Minuten länger. Ein Profifahrer fährt den Anstieg mit durchschnittlich 16,4 km/h.

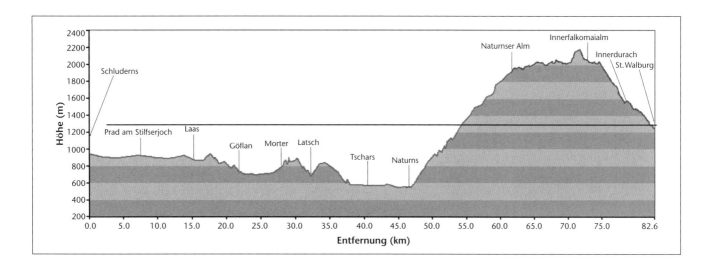

## Aufgaben

1. Wie viele Höhenmeter liegt die Naturnser Alm über Naturns?
2. Wie viele Höhenmeter hat die Gruppe auf der gesamten Tour zurückgelegt?
3. Berechne die durchschnittliche Geschwindigkeit der gesamten Tour. Gib eine sinnvolle Einheit an.
   a) mit Pause
   b) ohne Pause
4. Welche Durchschnittgeschwindigkeit erreicht der schnellste Fahrer aus der Gruppe am Anstieg von Naturns zur Naturnser Alm?
5. Welche Durchschnittgeschwindigkeit erreicht der Rest der Gruppe?
6. Wie lange benötigt der Profifahrer für den Aufstieg zur Naturnser Alm?
7. Berechne die Vorsprünge aus Aufgabe 4 bis 6 in Metern.

# 5. Mit dem Mountainbike über den Wolken — Hinweise & Lösungen

## ☞ Didaktische Hinweise

> *Notwendige Vorkenntnisse der Schüler*
> - aus Diagrammen lesen
> - Rechnen mit Zeit
> - Rechnen mit Geschwindigkeiten
> - Dreisatz
> - Umgang mit diskontinuierlichen Texten

### Gestaltungsgedanke

Die Einteilung der Höhenlinien sollte nochmals in gröbere Abschnitte unterteilt werden, da das Höhenprofil sehr genau ist. Kleinere Erhebungen können zusammengefasst werden oder unberücksichtigt bleiben.

### Mögliche Differenzierung

Schüler können mit ihrem eigenen Fahrrad eine bestimmte Strecke oder einen Berg befahren und berechnen, wie lange sie voraussichtlich für die abgebildete Strecke benötigt hätten.

 Lösungsvorschläge

Die Höhenmeter können grob aus dem Diagramm abgelesen werden. Die Kontrolle durch die Schüler kann über das Internet erfolgen.

1. Höhenmeter Naturns abzüglich Höhenmeter Naturnser Alm

   | Naturnser Alm: | 1 950 m ü. NN (genau: 1 922 m ü. NN) |
   |---|---|
   | Naturns: | 550 m ü. NN (genau: 554 m ü. NN) |
   | | 1 400 m |

   Die Naturnser Alm liegt **1 400 m** über Naturns.

2. Alle Angaben sind ungefähre Angaben:

   | – Start bis Prad: | 40 hm[1] |
   |---|---|
   | – bis kurz vor Laas: | 50 hm |
   | – drei Berge vor Göflan: | 150 hm |
   | – Göflan bis Latsch: | 250 hm |
   | – Latsch bis Naturns: | 200 hm |
   | – Naturns bis Naturnser Alm: | 1 500 hm (mit den kleinen Zacken im Anstieg) |
   | – Naturnser Alm bis Innerfalkomaialm: | 350 hm |
   | – Innerfalkomaialm bis St. Walburg: | 100 hm |
   | | **ca. 2 640 hm** |

3. a) Lösung mit Dreisatz:

   82,6 km ≙ 9 h 15 min
   82,6 km ≙ 555 min
   x ≙ 60 min

---

[1] „hm" steht hier für „Höhenmeter". Dies ist jedoch keine mathematisch gültige Maßeinheit.

## 5. Mit dem Mountainbike über den Wolken — Hinweise & Lösungen

$$x = \frac{60 \text{ min} \cdot 82,6 \text{ km}}{555 \text{ min}} = 8,93 \text{ km/h}$$

Mit Berücksichtigung von Pausen beträgt die Geschwindigkeit **8,93 km/h**.

b) Lösung mit Dreisatz wie Lösung a)

Zeit: 465 min: **10,66 km/h**

Ohne Berücksichtigung von Pausen beträgt die Geschwindigkeit **10,66 km/h**.

4. Lösung mit Dreisatz:

   15,3 km ≙ 1 h 55 min (115 min)
   x ≙ 60 min ⊃ x = 7,98 km/h

   Die Durchschnittsgeschwindigkeit des schnellsten Fahrers beträgt **7,98 km/h**.

5. Lösung mit Dreisatz:

   15,3 km ≙ 2h 4min (124 min)
   x ≙ 60 min ⊃ x = 7,4 km/h

   Der Rest der Gruppe erreicht eine Durchschnittsgeschwindigkeit von **7,4 km/h**.

6. Lösung mit Dreisatz:

   16,4 km ≙ 60 min
   15,3 km ≙ x ⊃ x = 56 min

   Der Profifahrer benötigt **56 Minuten**.

7. Lösungen mit Dreisatz:

   7,4 km ≙ 60 min
   14,2 km ≙ 115 min        15,3 km − 14,2 km = 1,1 km

   Vorsprung Schnellster aus Gruppe auf die Gruppe: **1,1 km**

   7,98 km ≙ 60 min
   7,45 km ≙ 56 min         15,3 km − 7,45 km = 7,85 km

   Vorsprung Profifahrer auf Schnellsten in Gruppe: **7,85 km**

   7,4 km ≙ 60 min
   6,9 km ≙ 56 min          15,3 km − 6,9 km = 8,4 km

   Vorsprung Profifahrer auf Gruppe: **8,4 km**

### ❓ Weitere mögliche Fragestellungen

- Die Strecke von der Naturnser Alm bis zur Innerfalkomaialm ist sehr schwierig zu fahren. Die Gruppe benötigte dafür 2 h 45 min. Berechne auch für diesen Abschnitt die Geschwindigkeit in km/h.

- Die Strecke von Naturns bis zur Innerfalkomaialm ist sehr steil und schwierig. Die durchschnittliche Geschwindigkeit ist sehr niedrig. Berechne die durchschnittliche Geschwindigkeit der restlichen Strecke.

- Wie lange würdest du für bestimmte Streckenabschnitte oder die gesamte Strecke benötigen? Begründe deine Entscheidung.

# 6. The Giant's Head

> Das Bild zeigt „The Giant's Head". Diese Erdskulptur ist in „The lost Gardens of Heligan" in Südengland (Cornwall) zu bewundern und wurde von der Künstlerin Susan Hill geschaffen. Die Höhe des Kopfes bis zur Stirn beträgt 1,20 m. Seine Frisur besteht aus Lilien. Die Gesichtsfläche ist mit Gras bewachsen.

## Aufgaben

1. Wie groß wäre ein Riese, dessen Kopf so groß ist?
2. Wenn du dich neben diesen Riesen stellen könntest, bis zu welchem Körperteil würdest du ihm wohl reichen?
3. Wie groß (in m²) müsste ein Strandtuch sein, damit der Riese bequem am Strand liegen könnte, um sich zu sonnen? (Ein normales Strandtuch hat häufig die Maße 220 cm × 150 cm.)
4. Könntest du dieses Handtuch tragen?
5. Wie viele Riesen derselben Größe könnten sich bequem auf einem Fußballfeld sonnen? Fertige auch eine maßstabsgetreue Skizze an. (Maßstab 1 : 1000, d. h. 1 cm ≙ 10 m)

# 6. The Giant's Head — Hinweise & Lösungen

## ☞ Didaktische Hinweise

*Notwendige Vorkenntnisse der Schüler*

- sicherer Umgang mit Längenmaßen
- Rechnen mit Maßstäben
- Rechnen mit Verhältnissen (oder Prozentangaben)
- Rechnen mit Flächenmaßen von Rechtecken
- Rechnen mit Gewichten
- Informationsbeschaffung: Gewicht von Handtüchern
  Maße eines Fußballfeldes

### Gestaltungsgedanke

Zu Beginn der Bearbeitung ist es sinnvoll, Schätzungen über die vermutete Größe des Riesen von den Schülern einzuholen und diese auch begründen zu lassen. Hier kann eine breite Streuung erwartet werden. Zum Abschluss kann dann wieder auf die Schätzungen zurückgegriffen werden und man kann feststellen, welche Schätzung der Lösung am nächsten kam.

### Mögliche Differenzierung

Lässt man die Größenangabe aus der Aufgabe weg und stellt den Schülern nur das Foto zur Verfügung, erhöht sich der Schwierigkeitsgrad. Einfacher wird die Aufgabe, wenn man angibt, dass der Riese etwa 10-mal so groß ist wie ein durchschnittlicher Erwachsener.

 Lösungsvorschläge

1. Die Kopfpartie von der Stirn bis zur Nasenspitze macht etwa 6,5 % der Gesamtgröße aus. Bei Menschen liegt der Wert etwa zwischen 11 und 14 cm. Grob gesagt ist der Riese etwa 10-mal so groß wie ein durchschnittlich großer Mensch.
   Man kann also von einer Größe von etwa **18 Metern** ausgehen.

2. Bereits ohne zu rechnen wird deutlich, dass man nur etwa bis zum Schienbein reicht.

3. Geht man davon aus, dass die Maße ähnlich wie bei einem herkömmlichen Handtuch sind, kommt man auf folgende ungefähre Angaben: Das Strandtuch müsste mindestens **22 m** lang und **15 m** breit sein, also sowohl in der Länge als auch in der Breite 10-mal so groß wie ein normales Strandtuch.

   22 m · 15 m = 330 m²   ⊃   Die Größe würde **330 m²** betragen.

4. Ein Handtuch wiegt je nach Qualität zwischen 350 g/m² und 500 g/m².

   330 m² · 350 g/m² = 115 500 g = 115,5 kg
   330 m² · 500 g/m² = 165 000 g = 165 kg

   Das Handtuch kann vermutlich von keinem Menschen alleine getragen werden. Es würde zwischen **115,5 kg** und **165 kg** wiegen.

5. Üblich für ein Fußballfeld sind die Maße 68 m auf 105 m. Diese Maße ermöglichen eine Stadionrunde mit genau 400 m und einer 100-m-Bahn.

   68 m · 105 m = 7 140 m²

# 6. The Giant's Head

**Hinweise & Lösungen**

Werden die Handtücher auf dem Platz so verteilt, dass ihre schmale Seite entlang der längeren Seite des Platzes liegt, ergibt sich Folgendes:

105 m : 15 m = 7
68 m : 22 m = 3 (Rest 2 m), also 3 Reihen mit je 7 Tüchern.

Es könnten sich also maximal **21** Riesen auf dem Fußballfeld sonnen.

Skizze:

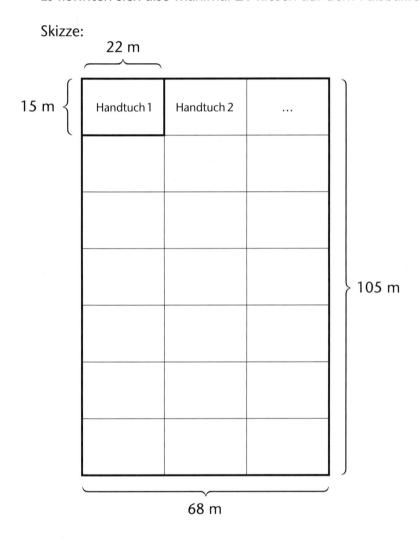

## ? Weitere mögliche Fragestellungen

- Wie viel würde der Riese wiegen?
- Bei dem Modell handelt es sich um einen ausgewachsenen Riesen. Wie groß wäre ein Riese in deinem Alter?
- Wie viele Schritte müsste der Riese machen, um an den Strand zu gelangen? Sein Standort ist etwa 2,5 km von der Küste entfernt.
- Weitere Ideen sind mit den Bildern „The Mud Maid 1" und „The Mud Maid 2" auf S. 94 möglich. Sie stammen ebenfalls aus „The lost Gardens of Heligan" und wurden von derselben Künstlerin gestaltet. Die Höhe des abgebildeten Kopfes beträgt 50 cm.

# 7. Mathebücher für alle

! In Deutschland gibt es insgesamt etwa 12,4 Mio. Schüler. Davon entfallen 9,6 Mio. (78 %) auf die allgemeinbildenden und 2,8 Mio. (22 %) auf die beruflichen Schulen. Man kann davon ausgehen, dass jeder Schüler einer allgemeinbildenden Schule mindestens ein Mathematikbuch besitzt. Aus der unten stehenden Tabelle kannst du die verschiedenen Angaben zu den einzelnen Mathematikbüchern einer bestimmten Schule entnehmen.

| Band | Seitenzahl | Maße | Gewicht |
| --- | --- | --- | --- |
| Klasse 5 | 176 | 20 cm x 26,5 cm x 1,3 cm | 568 g |
| Klasse 6 | 165 | 20 cm x 26,5 cm x 1,0 cm | 490 g |
| Klasse 7 | 167 | 20 cm x 26,5 cm x 1,1 cm | 505 g |
| Klasse 8 | 174 | 20 cm x 26,5 cm x 1,1 cm | 530 g |
| Klasse 9 | 170 | 20 cm x 26,5 cm x 1,0 cm | 504 g |

## Aufgaben

1. Ermittle die Angaben für dein Mathematikbuch und vergleiche die Angaben aus der Tabelle mit denjenigen für dein Mathematikbuch. Löse die restlichen Aufgaben mit den Angaben deines Mathematikbuches.
2. Berechne, wie viel Platz (in m bzw. cm) du auf einem Bücherregal benötigst, wenn du alle Mathematikbücher deiner Klasse nebeneinanderstellen möchtest.
3. Wie viel Regalmeter benötigt deine Schule, um über die Sommerferien alle Mathematikbücher aufzubewahren? Wie könnte so ein Regal aussehen? Mache mehrere Vorschläge mit maßstabsgetreuen Skizzen und entscheide, welches Regal am geschicktesten ist. Begründe deine Meinung.
4. Wie oft kommt die Ziffer „1" auf einer Buchseite vor? Nimm Stichproben von mindestens 10 Seiten und schreibe die Seitenzahl sowie die Anzahl der Ziffer „1" auf.
5. Wie oft steht die „1" in allen 5 Bänden? Begründe dein Ergebnis.
6. Wie viele Aufgaben (mit „Aufgabe" ist immer eine abgeschlossene Nummer mit allen Teilaufgaben gemeint) müsstest du bearbeiten, wenn du alle Aufgaben eines Bandes durcharbeiten müsstest? Begründe deine Antwort.

# 7. Mathebücher für alle — Hinweise & Lösungen

## ☞ Didaktische Hinweise

> **Notwendige Vorkenntnisse der Schüler**
> - Grundrechenarten
> - Rechnen mit Längenmaßen
> - Rechnen mit Raummaßen
> - Grundvorstellungen zur Mittelwertermittlung
> - Grundlagen der Stochastik
> - Informationsbeschaffung: Maße des eigenen Mathebuches ermitteln

### Gestaltungsgedanke

Natürlich lassen sich die Aufgaben auch mit den Angaben der aufgelisteten Mathematikbücher lösen. Dies ist vor allem dann sinnvoll, wenn nicht auf alle Bände einer Reihe zurückgegriffen werden kann. Die Motivation erhöht sich allerdings, wenn die Schüler ihre eigenen Bücher vermessen und mit den ermittelten Werten arbeiten können. Die angegebenen Maße und Seitenzahlen sind exemplarisch für die gängigen Mathematiklehrwerke zu verstehen und einsetzbar.

### Mögliche Differenzierung

Zu Aufgabe 4 kann eine Tabelle vorgegeben werden. Außerdem ist es möglich, die Zahl der zu untersuchenden Seiten zu variieren.

| Seite | Anzahl der Ziffer „1" | Anzahl |
|---|---|---|
| 8 | ⊪⊪ ⊪⊪ ⊪⊪ ‖ | 17 |
|  |  |  |

##  Lösungsvorschläge

Der Lösungsvorschlag bezieht sich auf die abgebildeten Mathematikbücher und die Angaben zum Buch für Klasse 7, bei einer Klassenstärke von 25 Schülern.

1. Individuelle Lösungen möglich.

2. Lösung in „Regalmetern":

   Ca. 2 mm Zugabe pro Buch, da die Bücher nicht zusammengedrückt nebeneinanderstehen.
   1,3 cm · 25 = **32,5 cm**

   Man würde mindestens **32,5 cm** bzw. **0,325 m** benötigen, um alle Bücher nebeneinanderzustellen.

   Lösung über Volumenberechnung:
   ebenfalls Zugabe von 2 mm pro Buch:

   1 Buch: $V = a \cdot b \cdot c = 20 \text{ cm} \cdot 26,5 \text{ cm} \cdot 1,3 \text{ cm} =$ **689 cm³**
   25 Bücher: 689 cm³ · 25 = 17 225 cm³ = **0,017225 m³**

   Das Volumen der Bücher würde **0,017225 m³** betragen.

# 7. Mathebücher für alle — Hinweise & Lösungen

3. Geht man von 60 Büchern pro Jahrgang aus (2 Klassen mit je 25 Schülern, dazu 10 zusätzliche Exemplare für Lehrer, später hinzukommende Schüler …) ergibt sich bei 5 Jahrgängen Folgendes:

Die Zugabe von 2 mm pro Buch bleibt erhalten:

Klasse 5: 1,5 cm · 60 =   90 cm
Klasse 6: 1,2 cm · 60 =   72 cm
Klasse 7: 1,3 cm · 60 =   78 cm
Klasse 8: 1,3 cm · 60 =   78 cm
Klasse 9: 1,2 cm · 60 =   72 cm
                        390 cm

Man benötigt etwa **4 Regalmeter**, um alle Mathematikbücher einer Schule aufzubewahren.

Aussehen des Regals:

Individuelle Lösungen möglich. Der Rechnung liegen folgende Annahmen zugrunde: Die Regalbrettdicke beträgt 3 cm, der Abstand zwischen den Regalbrettern beträgt 30 cm, das erste Regalbrett hat einen Abstand von 5 cm zum Boden, das Regal endet mit dem höchsten Regalbrett. Auf das oberste Regalbrett können also auch Bücher gestellt werden.

Vorschlag Regal 1: **Breite 50 cm, Tiefe 30 cm, Höhe 239 cm**

Das Regal umfasst 8 Regalbretter im Abstand von jeweils 30 cm. Nicht alle Räume sind hoch genug, um so ein Regal aufzustellen. Dies wäre jedoch eine sehr platzsparende Lösung.

Vorschlag Regal 2: **Breite 100 cm, Tiefe 30 cm, Höhe 140 cm**

Das Regal umfasst 5 Regalbretter. In jeder Reihe stehen die Bücher eines Jahrgangs. Dies wäre eine sehr praktische Lösung. Auf den ersten Blick kann man so das richtige Buch finden.

Vorschlag Regal 3: **Breite 100 cm, Tiefe 30 cm, Höhe 206 cm**

Das Regal umfasst 7 Regalbretter. Es bietet auf jedem Brett ausreichend Platz für Lehrerhandbücher und zusätzliches Material. 2 Regalbretter können für Schulbücher von anderen Fächern verwendet werden.

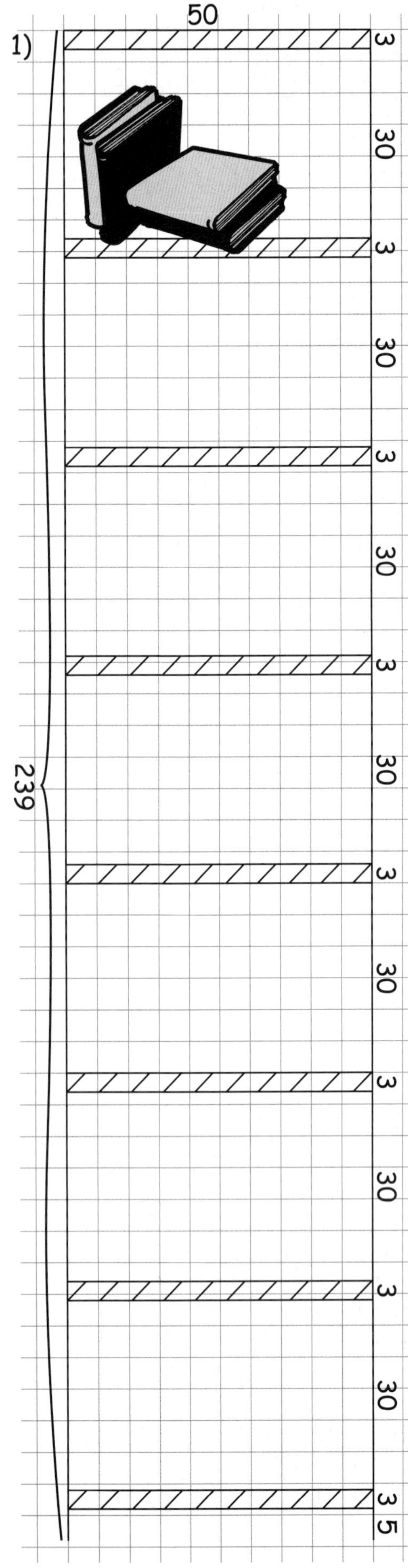

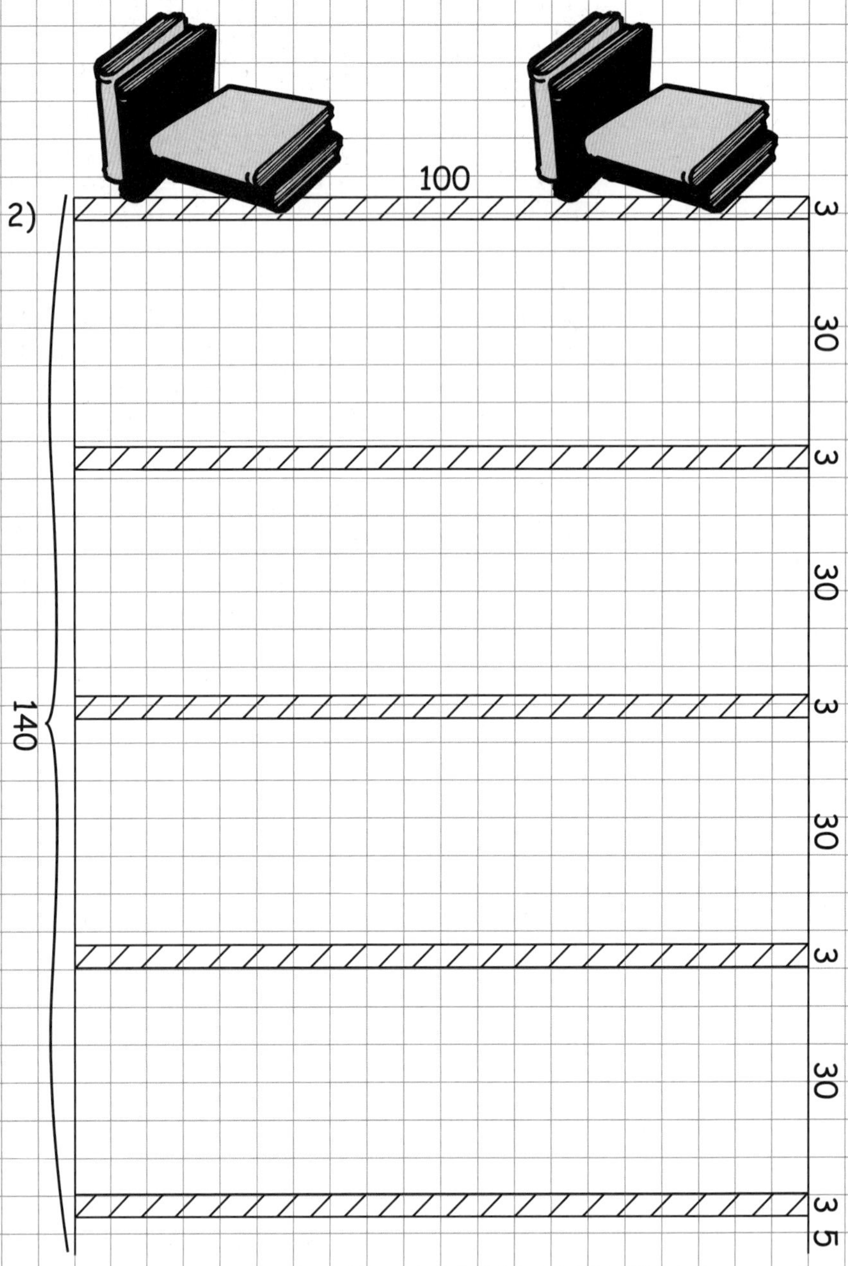

# 7. Mathebücher für alle

**Hinweise & Lösungen**

1)

2)

Skizze 1 : 10

für Vorschlag 3: selbe Skizze wie für 2, nur noch 2 zusätzliche Regalbretter

alle Maßangaben in cm

# 7. Mathebücher für alle
**Hinweise & Lösungen**

4. Bei Aufgabe 4 sollte bei der Auswahl der zu untersuchenden Seiten darauf geachtet werden, dass nicht nur textlastige Seiten wie Einführungsseiten untersucht werden. Zudem muss geklärt werden, dass alle Ziffern gelten, also etwa auch die Ziffern der Seitenangaben und der Aufgabennummerierung. Außerdem ist es sinnvoll, möglichst viele unterschiedliche Seiten untersuchen zu lassen und die Seiten zwischen den Schülern aufzuteilen, sodass das ganze Buch untersucht wird. Diese Erkenntnisse können dann vor der Bearbeitung von Aufgabe 5 zusammengetragen werden.

Folgende zehn Seiten umfassende Stichprobe soll exemplarisch für alle Seiten stehen:

| Seite | Anzahl der Ziffer „1" | Anzahl |
|---|---|---|
| 8 | ⫼⫼⫼ ⫼⫼⫼ ⫼⫼⫼ ⫼⫼ | 17 |
| 5 | ⫼⫼⫼ ⫼⫼⫼ ⫼⫼⫼ ⫼⫼⫼ ⫼⫼⫼ ⫼⫼⫼ ⫼⫼⫼ | 35 |
| 37 | ⫼⫼ | 2 |
| 59 | ⫼⫼⫼ ⫼⫼⫼ ⫼⫼⫼ ⫼⫼⫼ ⫼⫼ | 22 |
| 78 | ⫼⫼⫼ ⫼⫼⫼ ⫼ | 11 |
| 92 | ⫼⫼⫼ ⫼⫼⫼ ⫼⫼⫼ ⫼⫼⫼ ⫼ | 21 |
| 101 | ⫼⫼⫼ ⫼⫼⫼ ⫼⫼⫼ ⫼⫼⫼ ⫼⫼⫼ | 23 |
| 116 | ⫼⫼⫼ | 5 |
| 125 | ⫼⫼⫼ ⫼⫼⫼ ⫼⫼⫼ | 15 |
| 148 | ⫼⫼⫼ ⫼⫼⫼ ⫼⫼⫼ ⫼⫼⫼ ⫼⫼⫼ ⫼⫼⫼ ⫼⫼⫼ ⫼⫼⫼ ⫼⫼⫼ ⫼⫼⫼ ⫼⫼⫼ ⫼⫼⫼ ⫼⫼⫼ ⫼⫼⫼ ⫼⫼⫼ ⫼⫼⫼ ⫼⫼⫼ ⫼⫼⫼ ⫼⫼⫼ ⫼⫼⫼ ⫼⫼⫼ ⫼⫼⫼ ⫼⫼⫼ | 115 |
| | gesamt: | 266 |

Der Mittelwert beträgt also **26,6**. Lässt man die beiden Extremwerte 2 und 115 weg, beträgt der Mittelwert 18,6. Somit kann man die Annahme treffen, dass auf jeder Buchseite die Ziffer „1" etwa **23-mal** vorkommt (Mittel zwischen 26,6 und 18,6).

5. Zuerst müssen alle Seitenzahlen addiert werden.

```
   176
+  165
+  167
+  174
+  170
   ───
   852
```

$852 \cdot 23 = 19596$

Auf 852 Buchseiten kommt die Ziffer „1" **19 596-mal** vor. Man kann davon ausgehen, dass die Verteilung der Ziffer „1" in allen Bänden gleich ist.

# 7. Mathebücher für alle — Hinweise & Lösungen

6. Mit „Aufgabe" ist immer eine abgeschlossene Nummer mit allen Teilaufgaben gemeint. Die Vorgehensweise ist ähnlich wie in Aufgabe 4. Zuerst sollte jedoch untersucht werden, auf welchen Seiten gar keine Aufgaben stehen. Diese Seiten sollten dann von der Seitenzahl abgezogen werden. Dies sind in unserem Beispielbuch folgende Seiten: 1–5; 12–14; 18; 19; 22; 30–32; 35; 38; 42; 44; 54–56; 59; 73; 74; 90; 91; 110–112; 115; 126–128; 134; 137; 148–167, also insgesamt **54 Seiten**

Es bleiben also **113 Seiten** mit Aufgaben übrig. Stichprobe mit 10 Seiten:

| Seite 6: 5 Aufgaben | Seite 23: 8 Aufgaben | Seite 27: 10 Aufgaben |
|---|---|---|
| Seite 61: 2 Aufgaben | Seite 71: 18 Aufgaben | Seite 76: 3 Aufgaben |
| Seite 83: 9 Aufgaben | Seite 108: 4 Aufgaben | Seite 117: 7 Aufgaben |
| Seite 136: 7 Aufgaben | | |

Der Mittelwert beträgt **7,3**. Auf einer Buchseite mit Aufgaben sind etwa 7 Aufgaben.

$113 \cdot 7 = 791$; oder mit dem exakten Wert: $113 \cdot 7,3 = 824,9$

In dem Mathematikbuch sind etwa **800** Aufgaben enthalten.

## ❓ Weitere mögliche Fragestellungen

- Finde selbst eine Frage, die du mithilfe des Bildes oder der Angaben lösen kannst. Schreibe Frage, Rechnung und Antwort auf.
- Reicht ein Buch der 7. Klasse, um die Wände eures Klassenzimmers zu tapezieren?
- Wie schwer sind die Mathematikbücher eurer ganzen Klasse?
- Wie schwer sind alle Schulbücher eurer Klasse zusammen?
- Wie viele Mathematikbücher benötigt ihr, um den Boden eures Klassenzimmers damit auszulegen?
- Wie viel Zeit verbringt ihr wöchentlich mit eurem Mathematikbuch? Wie viel Zeit verbringt ihr in eurer ganzen Schullaufbahn mit Mathematikbüchern?
- Wie viel Platz benötigen alle Mathematikbücher, die es in Deutschland gibt? Wie viel wiegen diese Bücher zusammen? Wie hoch wäre ein Turm aus diesen Mathematikbüchern?

# 8. Lörracher Langer Egon

**Aufgabenblatt**

! Das Lörracher Rathaus trägt den Spitznamen „Langer Egon", nach dem ehemaligen Oberbürgermeister Egon Hugenschmidt, in dessen Amtszeit das Rathaus erbaut wurde. In der Nähe des Lörracher Bahnhofs steht das auffällige 17-stöckige Hochhaus (plus zwei Etagen als Dachaufbau für die Haustechnik), in welchem sich die Verwaltung und der Sitz des Oberbürgermeisters befinden. Das dunkelgrüne Gebäude wurde nach vierjähriger Bauzeit 1976 fertig gestellt und ist das höchste Gebäude der Stadt.

Überbaute Grundfläche: 570 m²

Grundfläche Dachaufbau: 102 m²

Gesamtfläche Rathaus (alle Stockwerke):

Rathausbau: 10720 m²
davon Bürofläche: 4400 m²

Geschosse:

- 2 Untergeschosse
- EG
- 17 Obergeschosse
- 2 Geschosse als Dachaufbau Technik

Höhe der Geschosse:

| Normalgeschosse: | 3,23 m |
| Untergeschosse: | 3,90 m |
| EG: | 3,97 m |
| 1. OG: | 5,72 m |
| 2. OG: | 4,74 m |
| DG-Technik: | 4,02 m |

Die Treppenstufen verlaufen vom 2. UG bis zum Technikraum im 18. OG. Der Lift führt vom 2. UG bis ins 17. OG, wobei die Geschwindigkeit des Aufzugs 3,6 m/s beträgt.

## Aufgaben

1. Wie hoch ist das Gebäude?

2. Wie viele Treppenstufen gibt es vom Keller bis in das 18. OG, wenn eine Treppenstufe eine Höhe von 16 cm hat?

3. Wie lange würdest du vom Keller bis in das 18. OG benötigen, wenn du die Treppe nimmst?

4. Wie lange benötigt der Lift vom Keller bis in das oberste erreichbare Stockwerk?

5. Berechne das Gesamtvolumen des Gebäudes.

6. Wie viele Einfamilienhäuser passen in das Gebäude?

7. Wie viel Prozent (%) der Gesamtfläche ist Bürofläche?

# 8. Lörracher Langer Egon — Hinweise & Lösungen

## ☞ Didaktische Hinweise

> *Notwendige Vorkenntnisse der Schüler*
> - Rechnen mit Längenmaßen
> - Rechnen mit Geschwindigkeiten
> - Messen und Schätzen
> - Rechnen mit Volumen
> - Prozentrechnen
> - Umgang mit diskontinuierlichen Texten

### Gestaltungsgedanke

In jeder Stadt gibt es Gebäude, die ähnlich untersucht werden können wie das Lörracher Rathaus. Die Schüler können das Gebäude durch die „mathematische Brille" betrachten, seine Abmessungen wie im Beispiel herausfinden und überlegen, welche Aufgaben ihnen dazu einfallen.

### Mögliche Differenzierung

Vor dem Berechnen der Aufgabe wäre es gerade für schwächere Schüler sinnvoll, das Rathaus mit allen Stockwerken zu zeichnen und die Stockwerkhöhen einzutragen. So vereinfacht sich das Rechnen mit den unterschiedlichen Höhen.

## ☑ Lösungsvorschläge

1. Die Höhe des Lörracher Rathauses lässt sich wie folgt berechnen:

   | | | |
   |---|---|---|
   | EG: | 3,97 m | |
   | 1. OG: | 5,72 m | |
   | 2. OG: | 4,74 m | |
   | 15 OG: | 48,45 m | (15 · 3,23 m) |
   | DG: | 8,04 m | (2 · 4,02 m) |
   | | 70,92 m | |

   Das Lörracher Rathaus hat eine Gesamthöhe von **70,92 Metern**.

2. Die Höhe für die Treppen berechnet man folgendermaßen:

   | | | |
   |---|---|---|
   | Gesamthöhe: | 70,92 m | |
   | DG: | − 4,02 m | da die Treppe im letzten Stock und nicht auf dem Dach endet |
   | 2 · UG: | + 7,80 m | Treppe geht vom Keller bis in DG |
   | | 74,70 m | |

   74,70 m : 0,16 m = 466,875 ≈ 467 (Treppenstufen)

   Das Lörracher Rathaus hat **467** Treppenstufen vom Keller bis in das DG.

3. Hier sollten die Schüler ihre Geschwindigkeit beim Treppensteigen messen. Für 20 Treppenstufen benötigt man beispielsweise 20 Sekunden. Die Zeit für 467 Treppenstufen berechnet man mit dem Dreisatz. Individuelle und damit unterschiedliche Lösungen sind möglich. Außerdem können noch andere Kriterien mit einfließen: Je länger man geht, desto langsamer wird man. Bei Treppenhäusern, wo man zusätzlich Türen öffnen muss, braucht man länger etc.

# 8. Lörracher Langer Egon

## Hinweise & Lösungen

4. Berechnung der Gesamtfahrstrecke für den Lift:

   Höhe bis 1. DG: 74,70 m, abzüglich 4,02 m, da der Lift nur bis ins 17. OG fährt:

   74,70 m − 4,02 m = 70,68 m

   70,68 m : 3,6 m/s = 19,63 s

   Der Lift benötigt ca. **20 Sekunden** vom Keller bis in das 17. OG.

5. Das Volumen des Gesamtgebäudes setzt sich zusammen aus $V_1$ (Volumen des Gebäudes ohne Dachaufbau) + $V_2$ (Volumen des Dachaufbaus):

   Berechnung von $V_1$:

   Grundfläche: 570 m²
   Höhe mit Keller, ohne Dachaufbau: 70,68 m

   $V_1$ = 570 m² · 70,68 m = 40 287,6 m³

   Berechnung von $V_2$:

   Höhe Dachaufbau: 8,04 m

   Grundfläche Dachaufbau: 102 m²

   $V_2$ = 102 m² · 8,04 m = 820,08 m³

   $V_{ges.}$ = $V_1$ + $V_2$ = 41 107,68 m³

   Das Volumen des Gesamtgebäudes beträgt **41 107,68 m³**.

6. Zuerst muss das Volumen eines Einfamilienhauses berechnet werden. Dazu schätzt man zunächst die Größe der Grundfläche. Wir gehen hier von 70 m² Grundfläche aus sowie von 2 Stockwerken (zusammen 6 m hoch) mit Dachaufbau (4 m hoch).
   Das Gesamtvolumen des Hauses setzt sich also zusammen aus $V_1$ (Volumen des Gebäudes ohne Dach) + $V_{Dach}$:

   $V_1$ = 70 m² · 6 m

   $V_1$ = 420 m³

   $V_{Dach}$ = $\frac{70 \text{ m}^2 \cdot 4 \text{ m}}{2}$ = 140 m³

   $V_{ges.}$ = $V_1$ + $V_{Dach}$ = 560 m³

   41 108 m³ : 560 m³ = 73,4

   Das Lörracher Rathaus hat ein ungefähres Volumen von **73,4** Einfamilienhäusern.

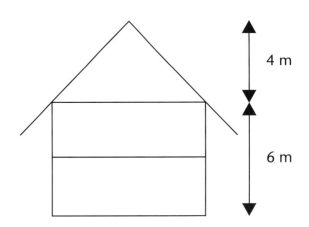

# 8. Lörracher Langer Egon

**Hinweise & Lösungen**

7. Der prozentuale Anteil wird mithilfe des Dreisatzes berechnet. Die Angaben müssen aus den Informationen über das Rathaus entnommen werden:

   10 720 m² ≙ 100 %
   
   4 400 m² ≙ x %

   $$x = \frac{4400 \text{ m}^2 \cdot 100\%}{10720 \text{ m}^2}$$

   $x = 41\%$

   **41 %** der Rathausfläche ist Bürofläche.

## (?) Weitere mögliche Fragestellungen

- Finde selbst eine Frage, die du mithilfe des Bildes oder der Angaben lösen kannst. Schreibe Frage, Rechnung und Antwort auf.
- Schätze, wie viele Personen im Rathaus arbeiten.
- Wie viele Computer stehen vermutlich im Rathaus?
- In jedem Büroraum steht ein Telefon. Die Telefonleitungen führen vom Keller aus auf einen Verteiler in jedem Stockwerk und von dort wieder sternförmig in jedes Büro. Schätze die Länge der gesamten Telefonleitungen im Rathaus.
- Ermittle den Energiebedarf des Rathauses.

# 9. Kraftstoff aus Sonnenblumen

**Aufgabenblatt**

❗ Das natürliche Vorkommen von Erdöl, woraus Kraftstoff gewonnen wird, ist begrenzt. Deshalb werden immer neue Möglichkeiten gesucht, um Kraftstoff aus nachwachsenden Rohstoffen zu gewinnen. Dafür eignen sich alle ölhaltigen Pflanzen. Meist wird dafür Raps angebaut. Ein großer Vorteil bei der Verwendung von Biokraftstoff liegt im geringeren $CO_2$-Ausstoß. Er liegt um etwa 50% unter dem Wert eines benzinbetriebenen Autos (durchschnittlich 160 Gramm pro gefahrenem Kilometer). Zudem können die Reste, die bei der Herstellung von Biokraftstoff entstehen, als Viehfutter verwendet werden. Der Verbrauch an Kraftstoff erhöht sich jedoch um ca. 3%, wenn Biokraftstoff verwendet wird. Neuerdings gibt es Versuche, aus Sonnenblumen Kraftstoff zu gewinnen. 1 Hektar liefert etwa 1 200 Liter Sonnenblumenöl. Für die Bewirtschaftung dieser Fläche werden wiederum 200 Liter Kraftstoff verbraucht.

Die Lehrerin Frau Müller besitzt ein mittelgroßes Fahrzeug (Verbrauch auf 100 km: 6,5 l), das sie nur für ihren Schulweg benutzt. Die Entfernung zwischen Wohnort und Schule beträgt 20 km.

## Aufgaben

1. Wie viel Liter Treibstoff benötigt sie an 5 Schultagen, wie viel pro Schuljahr?

2. Wie viel Liter Treibstoff benötigt Frau Müller, wenn sie auf ein Biokraftstoffauto umsteigt, auf 100 km / an 5 Schultagen / pro Schuljahr?

3. Vergleiche die Werte mit den Ergebnissen aus Aufgabe 1.

4. Wie groß (in Hektar und Quadratmetern) müsste ein Sonnenblumenfeld sein, um ihren Biotreibstoffbedarf für ein Schuljahr zu decken?

5. Wie viel $CO_2$-Ausstoß (in Kilogramm bzw. Tonnen) könnte Frau Müller pro Schuljahr einsparen, wenn sie auf ein Biokraftstoffauto umsteigt?

# 9. Kraftstoff aus Sonnenblumen

**Hinweise & Lösungen**

## ☞ Didaktische Hinweise

> *Notwendige Vorkenntnisse der Schüler*
> - hohe Lesefertigkeit
> - Umgang mit den verschiedenen Mengenangaben und Maßzahlen
> - Informationsbeschaffung: Benzinverbrauch, (jährlich) gefahrene Kilometer
> - Prozentrechnen

### Gestaltungsgedanke

Um die Bedeutung und Wichtigkeit der Angabe über den Kraftstoffvergleich zu verdeutlichen, kann man die Aufgabe mit einem deutlich sparsameren Fahrzeug und einem deutlich mehr verbrauchenden Auto durchrechnen und dann vergleichen. Dies kann beispielsweise als Gruppenarbeit ablaufen. Jede Gruppe bearbeitet die Aufgabe dann mit einem anderen Fahrzeugtyp.

### Mögliche Differenzierung

Vereinfacht werden kann die Aufgabe, indem die Anzahl der Schultage vorgegeben wird. Die Aufgabe kann aber auch deutlich schwieriger gestaltet werden, wenn z.B. die Angabe über den Benzinverbrauch pro Kilometer weggelassen wird. Außerdem kann man die Einschränkung weglassen, dass Frau Müller das Auto nur für den Schulweg nutzt. Dann müssen die Schüler viele Vermutungen und Hochrechnungen anstellen. Dies wiederum führt zu sehr unterschiedlichen Lösungen.

##  Lösungsvorschläge

1. gefahrene Kilometer an 5 Schultagen: $5 \cdot 40$ km $= 200$ km

   $2 \cdot 6{,}5$ l $= 13$ l

   An 5 Schultagen benötigt Frau Müller **13 l** Treibstoff für ihren Schulweg.

   Pro Schuljahr:

   Grob gesagt besteht ein Schuljahr aus 40 Schulwochen mit je 5 Schultagen.

   $40 \cdot 5$ Schultage $= 200$ Schultage

   200 Schultage $\cdot 40$ km $= 8\,000$ km

   Anderer Rechenweg: $40 \cdot 200$ km $= 8\,000$ km

   $\dfrac{6{,}5 \text{ l}}{100 \text{ km}} \cdot 8\,000 \text{ km} = 520 \text{ l}$ oder $40$ (Schulwochen) $\cdot 13$ l $= 520$ l

   Pro Schuljahr benötigt Frau Müller **520 l** Treibstoff für ihren Schulweg.

2. Der Kraftstoffverbrauch erhöht sich um 3%.

   bei 100 km: $6{,}5$ l $\cdot 1{,}03 = 6{,}695$ l $\approx 6{,}7$ l

   Auf 100 km würde Frau Müller **6,7 l** Biokraftstoff benötigen.

# 9. Kraftstoff aus Sonnenblumen — Hinweise & Lösungen

Pro Schulwoche: 13 l · 1,03 = 13,39 l ≈ 13,4 l

Pro Schulwoche würde Frau Müller **13,4 l** Biokraftstoff benötigen.

Pro Schuljahr: 520 l · 1,03 = 535,6 l ≈ 536 l

Pro Schuljahr würde Frau Müller **536 l** Biokraftstoff benötigen.

3. Pro 100 km: Frau Müller würde auf 100 km **0,2 l** mehr Treibstoff verbrauchen.

   Pro Schulwoche: Frau Müller würde pro Schulwoche **0,4 l** mehr Treibstoff verbrauchen.

   Pro Schuljahr: Frau Müller würde pro Schuljahr **16 l** mehr Treibstoff verbrauchen.

4. Biotreibstoffbedarf pro Schuljahr: 536 l

   Abzüglich der 200 l Biotreibstoff für die Bewirtschaftung eines Hektars gewinnt man aus einem Hektar 1 000 l Biokraftstoff.

   536 l : 1 000 l/ha = 0,536 ha

   Frau Müller würde ein Sonnenblumenfeld benötigen, das **0,536 ha** groß ist. Dies entspricht **5 360 m²**. Wäre die Fläche quadratisch, hätte sie eine Seitenlänge von 73 m.

5. $CO_2$-Ausstoß pro Schuljahr mit benzinbetriebenem Fahrzeug:

   8 000 km · 160 g/km = 1 280 000 g = 1 280 kg = 1,280 t

   $CO_2$-Ausstoß pro Schuljahr mit biokraftstoffbetriebenem Fahrzeug:

   8 000 km · 80 g/km = 640 000 g = 640 kg = 0,640 t

   Frau Müller könnte den $CO_2$-Ausstoß pro Schuljahr um **640 kg bzw. 0,640 t** verringern.

## (?) Weitere mögliche Fragestellungen

- Welches Volumen hat das eingesparte $CO_2$ von Aufgabe 5?
- Vergleiche die aktuellen Benzinpreise mit den Preisen für Biokraftstoff.
- Wie viel Liter Treibstoff benötigt euer Auto pro 100 km?
- Wie viel Liter Treibstoff benötigt das Auto eurer Familie pro Jahr?
- Spart deine Familie Geld, wenn ihr auf ein Biokraftstoffauto umsteigt?
- Wie groß müsste ein Sonnenblumenfeld sein, um euren Treibstoffbedarf zu decken?
- Wie viel $CO_2$-Ausstoß (in kg oder t) könnte deine Familie einsparen, wenn ihr auf ein Biokraftstoffauto umsteigt? Wie viel Benzin verbraucht die ganze Klasse, um in die Schule zu kommen?
- Informiert euch über die Vor- und Nachteile von Biokraftstoff. Stellt eure Argumente in der Klasse zusammen.
- Informiere dich über den prozentualen Anteil des $CO_2$-Ausstoßes durch PKWs in Deutschland. Wo fällt noch $CO_2$ an?

# 10. Arbeit im Garten

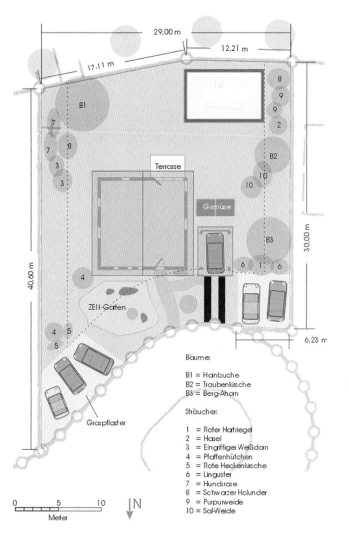

Bäume:
B1 = Hainbuche
B2 = Traubenkirsche
B3 = Berg-Ahorn

Sträucher:
1 = Roter Hartriegel
2 = Hasel
3 = Eingriffiger Weißdorn
4 = Pfaffenhütchen
5 = Rote Heckenkirsche
6 = Liguster
7 = Hundsrose
8 = Schwarzer Holunder
9 = Purpurweide
10 = Sal-Weide

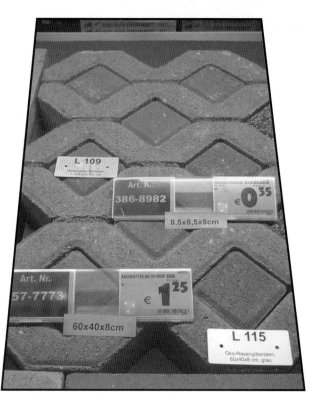

Auf dem Bild sieht man einen Rasengitterstein, dessen Öffnungen mit 8 ganzen Füllsteinen gefüllt sind.
Maße Rasengitterstein: 60 cm x 40 cm x 8 cm
Maße Füllstein: 8,5 cm x 8,5 cm x 8 cm

(Dichte von Beton: 2,3 g/cm³)

**!** Auf den drei Autoabstellflächen des Grundstücks (vgl. Skizze) sollen Rasengittersteine verlegt werden. Auf der Stellfläche unter dem Carport werden die Rasengittersteine mit Füllsteinen bestückt. Die restlichen Autoabstellflächen, die vom Niederschlag betroffen sind, werden ohne Füllsteine verlegt, sodass der Niederschlag im Erdreich versickern kann. Dadurch wird das Niederschlagswasser nicht über die Kanalisation abgeleitet, sondern bleibt dem natürlichen Wasserkreislauf erhalten.
Die dann mit Sand oder Erde gefüllten, wasserdurchlässigen Öffnungen haben die Maße 9,5 cm x 9,5 cm.

## Aufgaben

1. Berechne den Preis für die benötigten Rasengittersteine und die Füllsteine. Für die Rasengittersteine sollte 5 % Verschnitt einberechnet werden.

2. Wie viel Prozent der gesamten vom Niederschlag erreichbaren Parkfläche besteht dann aus den wasserdurchlässigen Öffnungen? Wie viel Quadratmeter sind das?

3. Herr Lorenz überlegt, ob er die Pflastersteine mit seinem Anhänger (1,70 m x 1,25 m x 0,5 m, Nutzlast 1 t) transportieren kann oder ob er sich die Steine auf Paletten für 70 Euro anliefern lassen soll. Hilf ihm bei seiner Entscheidungsfindung.

# 10. Arbeit im Garten

## ☞ Didaktische Hinweise

*Notwendige Vorkenntnisse der Schüler*
- Rechnen mit Längenmaßen
- Messen mit Maßstäben
- Berechnen von Flächen und Volumen
- Prozentrechnen
- Umgang mit diskontinuierlichen Texten

### Gestaltungsgedanke

Die Schüler können sich im Internet oder in einem Baumarkt in der Nähe über alternative Möglichkeiten einer Bepflasterung informieren und mit den recherchierten Angaben rechnen. Außerdem kann der Garten von den Schülern bepflanzt werden. Auf der Skizze sind bereits Bäume und Sträucher eingezeichnet, für die dann eine Preiskalkulation vorgenommen werden kann.

### Mögliche Differenzierung

Schwächere Schüler können darauf aufmerksam gemacht werden, dass den Parkflächen ihnen bekannte geometrische Flächen zugeordnet werden können, deren Maße sie dann mithilfe des Maßstabs links unten in der Skizze berechnen müssen. Ohne dieses Problem zu lösen, kann die Aufgabe sonst nicht weiter berechnet werden. Außerdem kann als weitere Hilfestellung ein Rasengitterstein gekauft werden, sodass die Maße der Steine abgemessen und am Objekt die Öffnungen für die roten Füllsteine gezählt werden können. Genauso ist es möglich, darauf hinzuweisen, dass ein Rasengitterstein 8 ganze, 6 halbe und 4 viertel Füllsteine aufnimmt. Werden 2 Rasengittersteine aneinander gelegt, kann in die jeweils halben Öffnungen der beiden Rasengittersteine ein ganzer Füllstein gelegt werden. Werden 4 Rasengittersteine aneinandergelegt, ergeben die 4 Viertelöffnungen der Rasengittersteine wieder einen Füllstein. Dies kann für die Schüler auch in einer Skizze visualisiert werden.

##  Lösungsvorschläge

Die Längen und Breiten der Flächen müssen mithilfe des Maßstabes und Dreisatzes ermittelt werden. Durch Messfehler können die Ergebnisse der Schüler voneinander abweichen.

1. Die Parkfläche rechts unten im Bild ist ein Quadrat:

$A_Q = a \cdot a$
$A_Q = 6{,}23 \text{ m} \cdot 6{,}23 \text{ m} = 38{,}8 \text{ m}^2 \approx 39 \text{ m}^2$

Die Parkfläche links unten im Bild ist ein Trapez:

$A_T = \dfrac{a + c}{2} \cdot h$

$A_T = \dfrac{13 \text{ m} + 7 \text{ m}}{2} \cdot 5{,}8 \text{ m}$

$A_T = 58 \text{ m}^2$

Der Flächeninhalt des Carports ist ein Rechteck:
$A_C = a \cdot b = 5{,}20 \text{ m} \cdot 4{,}20 \text{ m} = 21{,}84 \text{ m}^2 \approx 22 \text{ m}^2$

# 10. Arbeit im Garten — Hinweise & Lösungen

Die beiden Fahrstreifen, die zum Carport führen, zählen ebenfalls als Parkfläche. Geometrisch gesehen handelt es sich um 2 Rechtecke: $A_{FC} = a \cdot b$

$A_{FC} = 5{,}20 \text{ m} \cdot 1{,}60 \text{ m}$

$A_{FC} = 8{,}3 \text{ m}^2$

$A_{FC} = 9 \text{ m}^2$

$A_{ges.} = 39 \text{ m}^2 + 58 \text{ m}^2 + 22 \text{ m}^2 + 9 \text{ m}^2 = 128 \text{ m}^2$

5 % Verschnitt: Berechnung im Kopf

10 %   ≙   12,8 m²
 5 %   ≙    6,4 m²

Berechnung der Gesamtfläche: $128 \text{ m}^2 + 6{,}4 \text{ m}^2 \approx 135 \text{ m}^2$

Berechnung der benötigten Menge Füllsteine für 22 m²:

dafür zunächst Berechnung der Größe eines Rasengittersteins:

$A_R = 0{,}6 \text{ m} \cdot 0{,}4 \text{ m} = 0{,}24 \text{ m}^2$

Menge: 22 m² : 0,24 m² = 92 Rasengittersteine (für Carport)

Anzahl Füllsteine: 92 · 12 = 1 104 Stück (da pro Rasengitterstein 12 Füllsteine)

Berechnung der benötigten Menge der Rasengittersteine inkl. Verschnitt:
Anzahl Rasengittersteine: 135 m² : 0,24 m² = 563 Stück

Kosten Rasengittersteine:   563 · 1,25 € = 703,75 €
Kosten Füllsteine:        1 104 · 0,35 € = 386,40 €
Gesamtkosten:            703,75 € + 386,40 € = 1 090,15 €

Die Gesamtkosten liegen bei **1 090,15 €**.

2. Leerfläche bei einem Rasengitterstein:

   Gesamtfläche eines Rasengittersteines: 0,6 m · 0,4 m = 0,24 m² = 2 400 cm²

   Leerfläche: 12 · 9,5 cm · 9,5 cm = 1 083 cm²

   2 400 cm²   ≙   100 %
   1 083 cm²   ≙    x %

   $x = \dfrac{1\,083 \text{ cm}^2 \cdot 100\,\%}{2\,400 \text{ cm}^2}$

   $x = 45{,}125\,\%$

   **45,1 %** der Fläche eines Rasengittersteins besteht aus wasserdurchlässigen Öffnungen.

   Berechnung des Anteils der wasserdurchlässigen Öffnungen an der gesamten Parkfläche:

   Dafür muss zuerst von der Gesamtfläche die Fläche des Carports abgezogen werden:

   $128 \text{ m}^2 - 22 \text{ m}^2 = 106 \text{ m}^2$

   Berechnung mit Dreisatz:

   100 %    ≙   106 m²
   45,1 %   ≙   x

# 10. Arbeit im Garten — Hinweise & Lösungen

$$x = \frac{45{,}1\,\% \cdot 106\text{ m}^2}{100\,\%}$$

$x = 47{,}8\text{ m}^2$

**47,8 m²** der Fläche besteht aus wasserdurchlässigen Öffnungen.

3. Hier müssen die Faktoren Volumen und Gewicht berücksichtigt werden.

   Fläche eines Rasengittersteines = Gesamtfläche − Leerfläche (aus Aufg. 2)

   $A = 2400\text{ cm}^2 - 1083\text{ cm}^2 = 1317\text{ cm}^2$

   Volumen eines Rasengittersteines: $V = 1317\text{ cm}^2 \cdot 8\text{ cm} = 10536\text{ cm}^3$

   Gewicht pro Stein: $10536\text{ cm}^3 \cdot 2{,}3\text{ g/cm}^3 = 24232{,}8\text{ g} \approx 24{,}2\text{ kg}$

   Nutzlast: $1000\text{ kg} : 24{,}2\text{ kg} = 41{,}3 \approx 41$

   **41** Steine dürfen maximal in den Anhänger geladen werden.

   $8 \cdot 6$ Lagen = 48 ⊃ 48 Steine hätten im Anhänger Platz.

   Bei 563 Steinen müsste Herr Lorenz **14-mal** fahren. (563 : 41)

   Der zeitliche Aufwand für das Fahren und Be- und Entladen wäre sehr hoch, sodass Herr Lorenz das Angebot des Baumarktes annehmen und sich die Steine für 70 € liefern lassen sollte. Das Benzingeld könnte abzüglich noch berechnet werden.

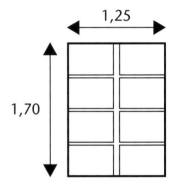

Ladefläche des Anhängers

## ❓ Weitere mögliche Fragestellungen

Der Garten kann weiter gestaltet werden:

Die Schüler können die Kosten für die zu pflanzenden Bäume berechnen, wobei die Baumpreise angegeben werden oder von den Schülern selbst eingeholt werden können.
Die Schüler können den Garten nach eigenen Wünschen weiter planen und ausbauen. Die jeweiligen Kosten des Bauvorhabens müssen dann auch wieder selbstständig eingeholt werden. Planung eines Brunnens, eines Pools, …

# 11. Mauer aus Fels-Gabionen

**Aufgabenblatt**

! Als „Gabione" bezeichnet man einen mit Steinen gefüllten Drahtgitterkorb (vgl. Foto: Gabionen mit Granitsteinen).

Maße der Fels-Gabionen:
1 m × 0,5 m × 0,5 m

Dichte von Granit: 2 800 kg/m³

80 % des Gittervolumens wird mit Granit befüllt.

Die markierte Grundstücksgrenze soll mit Fels-Gabionen 1 m hoch gesichert werden. Es stehen somit immer zwei Gabionen versetzt aufeinander. Die zweite Reihe beginnt daher um einen halben Meter eingerückt (siehe Skizze unten rechts). Die Abstände zwischen den Gabionen einer Reihe können zwischen 0 und 3 cm variieren.

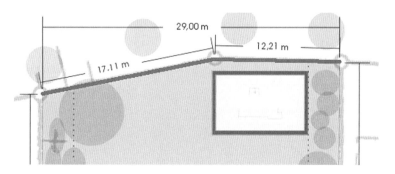

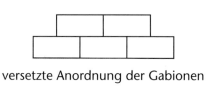

versetzte Anordnung der Gabionen

## Aufgaben

1. Was kostet die Gestaltung der Grundstücksgrenze mit den Gabionen?
2. Familie Tschirpke wohnt 42 km vom Baumarkt entfernt. Sie überlegt, ob sie sich für den Transport einen LKW bei Mietwagen Stegmüller leiht. Berechne die Kosten des Transports, beachte dabei das Gewicht und Volumen der Gabionen.
3. Ist der selbst organisierte Transport rentabel oder sollte sich Herr Tschirpke für das Angebot von Oberhollenzer-Bau entscheiden? Begründe.
4. Wie viele Helfer benötigt Herr Tschirpke, um die Fels-Gabionen aufzustellen, wenn jeder max. 50 kg heben kann? Ist das umsetzbar? Welche Lösung siehst du?
5. Berechne die Gesamtkosten der Aktion.

**Angebot Firma Oberhollenzer-Bau:**

Kipper: Nutzlast 13,4 t

**Pro Fahrt inkl. Fahrer: 150 €**

Maße: 2,60 m × 6 m × 1,30 m

**Angebot Mietwagen Stegmüller:**

| LKW 7,5 t | pro Tag inkl. | | | |
| Nutzlast max. 2,5 t | 100 km | 300 km | 600 km | 1 000 km |
|---|---|---|---|---|
| Mo.–Fr. | € 129,– | € 189,– | € 249,– | € 319,– |
| | Je weiterer km 45 Cent | | | |

# 11. Mauer aus Fels-Gabionen — Hinweise & Lösungen

## 👉 Didaktische Hinweise

*Notwendige Vorkenntnisse der Schüler*
- Rechnen mit Längenmaßen
- Volumenberechnung Quader
- Rechnen mit Volumen und Gewichten
- Prozentrechnen
- Umgang mit diskontinuierlichen Texten

### Gestaltungsgedanke

In einer Mathematikstunde kann vor dem Einsatz der Aufgabe das spezifische Gewicht von Granitsteinen mithilfe von Wasser und einer Waage selbstständig ermittelt werden.
Während der Bearbeitung der Aufgaben können Bauklötze die Anordnung der Gabionen im Modell darstellen.

### Mögliche Differenzierung

Bei dieser Aufgabe können Schülern weitere Firmenangebote gegeben werden. Es ist auch möglich, dass sie sich selbst Angebote von Firmen besorgen.
Außerdem können bei der Aufgabe 4 Angebote für einen Kran oder einen Kipper mit Kran eingeholt werden.

## Lösungsvorschläge

1. Die Länge der rot markierten Grundstücksgrenze beträgt: 17,11 m + 12,21 m ≈ 29 m

   ⊃ 29 Fels-Gabionen für die untere Reihe
   ⊃ 28 Fels-Gabionen für die obere Reihe
   ⊃ 57 Fels-Gabionen gesamt

   57 · 49 € = 2 793 €

   Die 57 Fels-Gabionen kosten zusammen **2793 €**.

2. Pro Hin- und Rückfahrt sind es 84 km.

   Volumen Fels-Gabionen:

   $V = 1\,m \cdot 0{,}5\,m \cdot 0{,}5\,m = 0{,}25\,m^3$

   Die Hohlräume zwischen den Granitsteinen nehmen ca. 20 % des Volumens ein, somit bestehen 80 % des Raumes aus Granitsteinen.

   Gewicht: 80 % des Volumens besteht aus Granitsteinen.

   Berechnung mit Dreisatz:
   100 % ≙ 0,25 m³
   80 % ≙ x

   $x = \dfrac{80\,\% \cdot 0{,}25\,m^3}{100\,\%}$

   $x = 0{,}2\,m^3$

   Berechnung des Gewichts: 0,2 m³ · 2800 kg = 560 kg = 0,56 t

# 11. Mauer aus Fels-Gabionen

**Hinweise & Lösungen**

Berechnung max. Zuladung Leih-LKW: 2,5 t (Nutzlast) : 0,56 t = 4,5

**4** Gabionen dürfen maximal auf den Leih-LKW geladen werden. Es gibt also kein Volumenproblem.

Um die Anzahl der nötigen Fahrten zu berechnen:

57 Fels-Gabionen : 4 = 14 Rest 1

Herr Tschirpke muss mit dem LKW **15-mal** fahren.

Berechnung der Gesamtkilometer:

15 Fahrten · 84 km = 1 260 km

1 000 km kosten 319 €, dazu kommen 260 · 0,45 Cent = 117 €, also zusammen 436 €

Wenn Herr Tschirpke das Angebot von Mietwagen Stegmüller annimmt, muss er **436 €** bezahlen. Da er aber 15 Fahrten mit 1 260 km benötigt, macht der Transport mit dem Miet-LKW wenig Sinn. Für die Fahrten müsste er alleine schon mit mindestens 13 Stunden rechnen, da er max. 100 km pro Stunde fahren kann.

3. Angebot der Firma Oberhollenzer-Bau:

    13,4 t : 0,56 t = 23,93 Fels-Gabionen

    Das sind dann mindestens 3 Fahrten (57 Fels-Gabionen : 23 = 2,4), sodass 19 pro Fahrt transportiert werden könnten.

    ⊃ Kein Volumenproblem und kein Gewichtsproblem (19 · 0,56 t = 10,64 t)

    Kosten: 3 · 150 € = 450 €

    Das Angebot von Oberhollenzer-Bau kostet mit **450 €** zwar etwas mehr, der zeitliche Aufwand ist aber bedeutend geringer, sodass sich Herr Tschirpke für dieses Angebot entscheiden sollte.

4. 560 kg : 50 kg = 11

    Herr Tschirpke würde **11 Personen** zum Tragen und Setzen der Fels-Gabionen benötigen. Da die 11 Personen aber Probleme haben werden, sich um die Fels-Gabionen zu positionieren, ohne dass sie sich gegenseitig stören, wäre er gut beraten, sich einen Bagger oder kleinen Hebekran zu besorgen. Außerdem hätte er sicher Schwierigkeiten, mit den 11 Helfern die Fels-Gabionen vom Kipper zu bekommen.

5. Gesamtkosten: 450 € + 2 793 € = **3 243 €**

## ❓ Weitere mögliche Fragestellungen

- Berechne zusätzlich die Benzinkosten für die Transporter.
- Um eine Gabione zu setzen, muss der Untergrund vorbereitet werden. Dafür benötigt Herr Tschirpke 30 min pro m². Berechne den Zeitaufwand. Wie viele Helfer benötigt er, wenn er in 4 Stunden fertig werden möchte?
- Möglich sind auch weitere Aufgaben, die sich mit der Zeit beschäftigen (Fahrtdauer, Abladedauer …).

# 12. Die Spitze des Eisbergs

**Aufgabenblatt**

> Der russische Dichter, Naturwissenschafter und Universalgelehrte Michail Lomonossow erklärte ungefähr im Jahre 1750 die Natur der Eisberge zum ersten Mal richtig:
> Die Dichte des Eises beträgt nur 0,920 Kilogramm pro Liter. Meerwasser dagegen hat eine Dichte von 1,025 Kilogramm/Liter. Da Eis leichter ist als Wasser, schwimmt es. Nur ein geringer Teil des Eisbergs ist deshalb zu sehen.

Der sichtbare Teil des abgebildeten Eisbergs hat ein Volumen von 2,3 km³. Von diesem Eisberg bricht nun eine nahezu quaderförmige Scholle ab, die etwa 190 m lang, 130 m breit und 100 m dick ist, und treibt in wärmere Gewässer, wo sie zu schmelzen beginnt. Zur Berechnung des verbleibenden Volumens nimmt man an, dass sich pro Tag Länge, Breite und Dicke um jeweils 1 m vermindern.

## Aufgaben

1. Berechne, wie viel Prozent des Eisbergs zu sehen sind und wie viel unter Wasser sind.
2. Wie groß ist der gesamte Eisberg?
3. Wie schwer ist der sichtbare Teil, wie schwer der Teil unter Wasser?
4. Berechne das Volumen und das Gewicht der abgebrochenen Eisscholle nach 10 Tagen.
5. Wie viel Prozent seines Volumens hat der Eisblock beim Abbruch der Eisscholle verloren?

# 12. Die Spitze des Eisbergs — Hinweise & Lösungen

## 👉 Didaktische Hinweise

> *Notwendige Vorkenntnisse der Schüler*
> - Dreisatz
> - Prozentrechnen
> - Rechnen mit Einheiten
> - Volumenberechnung

### Gestaltungsgedanke

Vor dem Stellen der Aufgabe kann mit den Schülern ein Versuch gemacht werden. Gefrieren Sie hierfür Wasser in einem möglichst quaderförmigen Behälter, legen Sie das Eis in einen Messbehälter mit Wasser und messen dann durch Herausnehmen immer wieder sein Volumen. Wie viel seines Volumens verliert er nach einer vorher bestimmten Zeit?
Diese Erfahrungen können auf die gestellte Aufgabe übertragen werden.

### Mögliche Differenzierung

Da hier durch die Umrechnung von km³ in dm³ (Liter) mit sehr großen Zahlen gerechnet wird, können den schwächeren Schülern Stellenwerttafeln ausgeteilt werden, in die sie dann die großen Zahlen eintragen. So können Umrechnungsfehler vermieden werden.

##  Lösungsvorschläge

1. Meerwasser hat eine Dichte von 1,025 kg pro Liter, Eis dagegen 0,92 kg pro Liter. Das heißt, dass Eis leichter ist als Wasser und somit schwimmt. Daraus ergibt sich folgender Dreisatz:

   1,025 kg/l ≙ 100 %
   0,92 kg/l ≙ x %

   $$\frac{0{,}92 \text{ kg/l} \cdot 100\,\%}{1{,}025 \text{ kg/l}} = 89{,}76\,\% \approx 90\,\%$$

   **90 %** des Eisbergs sind unter Wasser und somit nicht zu sehen. **10 %** des Eisbergs sind sichtbar.

2. Da 2,3 km³ zu sehen und 10 % des Eisbergs sichtbar ist, ergibt sich folgender Dreisatz:

   2,3 km³ ≙ 10 %
   23 km³ ≙ 100 %

   Der gesamte Eisblock hat ein Volumen von **23 km³**.

3. Berechnung des Volumens in Kubikmetern (für den gesamten Eisberg):

   23 km³ = 23 · (1 000 m)³ = 23 · 1 000 000 000 m³
   = 23 Milliarden m³

   Berechnung des Gewichts: 1 Liter ≙ 0,92 kg

   1 m³ = 1 000 l ⊃ 1 m³ ≙ 0,92 t

   23 Mrd. m³ · 0,92 t/m³ = 21,16 Mrd. t

   Der gesamte Eisberg wiegt **etwa 21 Milliarden Tonnen**.

# 12. Die Spitze des Eisbergs

**Hinweise & Lösungen**

sichtbarer Teil: 10 % von 21,16 Mrd. t ≙ 2,116 Mrd. t

unsichtbarer Teil: 90 % ≙ 9 · 2,116 Mrd. t = 19,044 Mrd. t

Der sichtbare Teil des Eisbergs wiegt **rund 2 Milliarden Tonnen**, der Teil unter Wasser **rund 19 Milliarden Tonnen**.

4. V = 180 m · 120 m · 90 m (Da jeden Tag ein Meter der Länge, Breite und Dicke schmilzt.)

   V = 1,944 Mill. m³

   1,944 Mill. m³ · 0,92 t/m³ = 1,79 Mill. t

   Die Eisscholle wiegt nach 10 Tagen noch **1,79 Mill. t**.

5. Berechnung des Volumens der abgebrochenen Eisscholle:

   V = 190 m · 130 m · 100 m

   V = 2,47 km³

   Berechnung des prozentualen Anteils der Eisscholle:

   23 km³     ≙     100 %
   2,47 km³   ≙     x %

   $$x = \frac{2{,}47 \text{ m}^3 \cdot 100\,\%}{23 \text{ km}^3} = 10{,}74\,\%$$

   Der Eisblock hat beim Abbruch der Eisscholle **10,74 %** seines Volumens verloren.

## ❓ Weitere mögliche Fragestellungen

- Wie viel Prozent verliert die Eisscholle am 1. (2., 3., ... 10.) Tag?
- Wie lange dauert es, bis die Eisscholle vollständig geschmolzen ist?
- Stelle Größenvergleiche des Eisblocks mit Autos, Häusern, Menschen, ... her.
- Stelle Volumenvergleiche mit Seen, Häusern, ... her.

# 13. Im freien Fall — Aufgabenblatt

> Je nach zugelassenem Sprungplatz (engl. *drop zone*) und verwendetem Luftfahrzeug erfolgt ein Fallschirmsprung im Allgemeinen aus ca. 1 000 bis 4 500 Metern über Grund.
>
> Im freien Fall kann die Geschwindigkeit zwischen 150 km/h und weit über 320 km/h betragen. Bei der „klassischen" Freifallhaltung in Bauchlage liegt die Durchschnittsgeschwindigkeit bei etwa 180 km/h. Sie wird im Wesentlichen durch den Luftwiderstand und die Form bestimmt.
>
> Der Fallschirm wird in der Regel in einer Höhe zwischen 1 200 und 700 Metern über dem Erdboden geöffnet. Gesteuert wird der Flächenfallschirm durch eine rechte und eine linke Steuerleine, durch welche der Fallschirm jeweils einseitig abgebremst wird. Durch gleichzeitiges Ziehen an beiden Steuerleinen vermindert sich die Geschwindigkeit. Dadurch erreicht man im Idealfall eine stehende Landung. Bei geöffnetem Fallschirm verringert sich die Sinkgeschwindigkeit auf ca. 5 m/s (ca. 20 km/h). Das Auftreffen auf dem Boden mit dieser Geschwindigkeit entspricht einem Sprung aus weniger als 2 m Höhe.

## Aufgaben

1. Wie hoch muss das Flugzeug fliegen, wenn der Springer 30 s in der Bauchlage im freien Fall in der Luft sein möchte? Er nimmt sich vor, den Fallschirm bei 900 m zu öffnen.

2. Wie lange ist der Fallschirmspringer mit geöffnetem Fallschirm in der Luft?

3. Wie lange dauert der Flug, wenn der Springer aus maximaler Absprunghöhe springt? Berechne auch die Dauer für die minimale Absprunghöhe.

# 13. Im freien Fall — Hinweise & Lösungen

## ☞ Didaktische Hinweise

*Notwendige Vorkenntnisse der Schüler*
- Rechnen mit Geschwindigkeiten
- Rechnen mit Zeiten
- Dreisatz
- Umgang mit diskontinuierlichen Texten

### Gestaltungsgedanke

Bei der Präsentation der Aufgabe sollte mit Skizzen gearbeitet werden. Mithilfe eines Modells aus z. B. Pappe können die einzelnen Flugphasen schnell und deutlich veranschaulicht werden.

### Mögliche Differenzierung

Um einen Einstieg in die Aufgabe zu geben, können vor der Berechnung unterschiedliche Rechenbeispiele in Tabellenform gegeben werden. Es bieten sich zwei Tabellen (freier Fall und mit geöffnetem Fallschirm) an. Mithilfe des Dreisatzes können dann für bestimmte Höhen die entsprechenden Zeiten berechnet werden. Da der Sprung mit dem Fallschirm immer aus freiem Fall und Fall mit geöffnetem Fallschirm besteht, fällt das Verstehen und die Berechnung der eigentlichen Aufgabe leichter.

Beispiel:

| Höhe | 180 km | 3 km | | 800 m | | 1 000 m | |
|---|---|---|---|---|---|---|---|
| Zeit | 1 h | | 30 s | | 40 s | | 1 min 8 s |

## ✓ Lösungsvorschläge

1. Geschwindigkeit im freien Fall: 180 km/h

   Tabellarische Lösung:

   | 180 km | ≙ | 1 h | | :60 |
   | 3 km | ≙ | 1 min | | :2 |
   | 1,5 km | ≙ | 30 s | | |
   | 1 500 m | ≙ | 30 s | | |

   Da der Springer bei 900 m seinen Fallschirm zieht und er in 30 s im freien Fall 1,5 km zurücklegt, muss er aus **2 400 m** abspringen.

2. Fluggeschwindigkeit bei geöffnetem Fallschirm: 5 m/s

   Lösung mit Dreisatz:

   | 5 m | ≙ | 1 s |
   | 900 m | ≙ | x |

   $$x = \frac{900 \text{ m} \cdot 1 \text{ s}}{5 \text{ m}}$$

   $$x = 180 \text{ s} = 3 \text{ min}$$

   Beim Öffnen des Fallschirms bei 900 m benötigt er noch **3 Minuten** bis zur Landung.

# 13. Im freien Fall — Hinweise & Lösungen

3. Sprung aus <u>maximaler</u> Absprunghöhe (4 500 m):

Daraus ergibt sich ein freier Fall von 3 600 m (4 500 m − 900 m, die der Springer mit geöffnetem Fallschirm zurücklegt).

Lösung mit Dreisatz (Werte aus Aufgabe 1 und 2):

1 500 m ≙ 30 s
3 600 m ≙ x

$$x = \frac{3\,600\text{ m} \cdot 30\text{ s}}{1\,500\text{ m}}$$

x = 72 s

```
   72 s   freier Fall
+ 180 s   mit geöffnetem Fallschirm
  252 s   gesamte Flugdauer = 4 min 12 s
```

Sprung aus <u>minimaler</u> Absprunghöhe (1 000 m):

Lösung mit Dreisatz (Werte aus Aufgabe 1 und 2):

1 500 m ≙ 30 s
  100 m ≙ x

$$x = \frac{100\text{ m} \cdot 30\text{ s}}{1\,500\text{ m}}$$

x = 2 s

```
    2 s   freier Fall
+ 180 s   mit geöffnetem Fallschirm
  182 s   gesamte Flugdauer = 3 min 2 s
```

Aus **maximaler** Absprunghöhe dauert der Flug **4 min 12 s**, aus **minimaler** Absprunghöhe **3 min 2 s**.

## ? Weitere mögliche Fragestellungen

- Der Fallschirmspringer springt 1,5 km vom Landeplatz entfernt aus dem Flugzeug. Erreicht er den Landeplatz, wenn er sich nach dem Öffnen des Fallschirms pro 10 gefallenen Metern dem Landeplatz 7 Meter nähert?
- Suche weitere Fragen, die zum Bild und dem Informationstext passen. Zeige dafür die Rechnung mit Rechenweg.

# 14. Baden in Andalusien

**Aufgabenblatt**

Maße des Pools: Länge 8 m x Breite 4 m x Tiefe 1,70 m (links) bzw. 1,50 m (rechts)

**Pflegehinweise:**

Ein Pool im spanischen Andalusien muss gerade im Sommer intensiv gepflegt werden, um immer eine gute Wasserqualität zu haben. Ein sauberes Poolbadwasser erfordert einen ausreichenden Filterbetrieb. Pro Tag sollte zweimal der Gesamtinhalt des Poolbades umgewälzt werden. Die Umwälzpumpe sollte 8 bis 16 Std./Tag in Betrieb sein.
Für eine attraktive Wasserqualität sind außerdem 3 bis 5 % Frischwasser/Woche erforderlich. Um alle Keime im Wasser, im Filter und in den Rohrleitungen zu eliminieren, muss wöchentlich 50 g Chlor-Granulat pro 10 m³ Wasser zugegeben werden.

**Wasserpreis:**

Da in Spanien in den Sommermonaten regelmäßig Wassermangel herrscht, wird das Wasser bei höherem Verbrauch teurer.
Abgerechnet wird immer nach zwei Monaten, d.h. die in einem Zeitraum von zwei Monaten erreichte Kubikmeterzahl ist für die Einteilung in folgende Preisgruppen ausschlaggebend:
1–24 Kubikmeter kosten 0,25 € pro Kubikmeter,
25–50 Kubikmeter kosten 1,53 € pro Kubikmeter,
ab 50 Kubikmetern sind es dann schon 4,20 € pro Kubikmeter.

Das mittlere Körpervolumen beim Menschen liegt bei ca. 75 l = ca. 0,075 m³ (berechnet aus Masse und spezifischem Gewicht ≈ 1).

# 14. Baden in Andalusien

**Aufgabenblatt**

## Pflegematerialien:

| aktueller Preis ||
|---|---|
| 5 kg Eimer Chlor-Granulat | 10 kg Eimer Chlor-Granulat |
| 39,75 € | 76,80 € |

## Filterpumpen:

Filterpumpe Speck BADU®Magic 11,11 m³/h

**245,00 €**
incl. 19% MwSt.

Filterpumpe Speck BADU®Magic 4,4 m³/h

**215,00 €**
incl. 19% MwSt.

## Aufgaben

1. Wie viel Wasser befindet sich im Pool?
2. Das Wasser steigt um 1 cm. Wie viel Liter wurden nachgefüllt?
3. Ein 85 kg schwerer Mensch steigt in den Pool. Um wie viel Zentimeter steigt der Wasserpegel?
4. Wie viele Menschen mit 75 kg Körpergewicht müssten in den Pool steigen, um den Wasserstand um 2 cm zu erhöhen? Wäre für alle genügend Platz im Pool?
5. Die Filteranlage ist defekt, es muss eine neue Filterpumpe gekauft werden. Für welche der beiden Pumpen entscheidest du dich? Begründe deine Meinung.
6. Berechne die laufenden Kosten für den Pool pro Jahr und pro Monat. Er ist von Mai bis Ende September in Betrieb. Zu Poolsaisonbeginn wird er mit Wasser befüllt und Anfang Oktober wieder geleert. Was hältst du von den Wasserpreisen in Spanien?
7. Berechne die Kosten einschließlich der Pumpe, die eine voraussichtliche Lebensdauer von 5 Jahren hat.

# 14. Baden in Andalusien — Hinweise & Lösungen

## 👉 Didaktische Hinweise

*Notwendige Vorkenntnisse der Schüler*
- Rechnen mit Volumen
- Grundrechenarten
- Dreisatz
- Prozentrechnen
- Umgang mit diskontinuierlichen Texten

### Gestaltungsgedanke

Wenn die Aufgabe noch realistischer berechnet werden soll, kann der durchschnittliche Wasserverbrauch einer Familie angegeben und zu den Wasserverbrauchszahlen des Pools addiert werden, denn bei der reinen Berechnung des Wasserverbrauchs für den Pool wurde der tägliche Wasserverbrauch nicht berücksichtigt. Somit ist es natürlich möglich, dass der Poolbesitzer durch die Addition des täglichen Wasserverbrauchs in die nächste Preiskategorie rutscht.

### Mögliche Differenzierung

Für schwächere Schüler sollte die Form des Körpers des Wasservolumens nochmals als Skizze zur Verfügung gestellt werden. So gelingt diesen leichter der Einstieg in die Aufgabe.
Da der Körper in Gedanken so gedreht werden muss, dass das Trapez die Grundfläche des Körpers bildet, kann zur nochmaligen Differenzierung ein Körper aus Holz zurechtgesägt werden.

### Weitere Informationen

1995 mussten in Spanien 11 Millionen Menschen tägliche Einschränkungen im Wasserverbrauch hinnehmen. Spanien erlebte 2005 die schlimmste Dürre seit 60 Jahren. Die Landwirtschaft, größter Wasserverbraucher des Landes (83 Prozent), kämpft mit Trockenheit und Wassermangel. Die Trockenperiode gefährdet Natur und Arbeitsplätze. Die Getreideernte schrumpft auf die Hälfte. Im Süden stehen ganze Obstplantagen auf dem Spiel. In den meisten Städten und Gemeinden wird erst gehandelt, wenn die Trockenheit existenziell bedrohlich wird. Trotz Wasserknappheit gehören die Wasserpreise in Spanien jedoch zu den niedrigsten in Europa.

##  Lösungsvorschläge

1. Volumenberechnung Pool: Als Körperform ergibt sich ein Trapezprisma:

$$V = \frac{a+c}{2} \cdot h_T \cdot h_k = \frac{1{,}70\ m + 1{,}50\ m}{2} \cdot 8\ m \cdot 4\ m = 51{,}2\ m^3 = 51\,200\ l$$

Im Pool befinden sich **51 200 l** Wasser.

2. Volumenberechnung nach Anstieg des Wasserpegels um 1 cm:

$$V = a \cdot b \cdot c = 8\ m \cdot 4\ m \cdot 0{,}01\ m$$

$$V = 0{,}32\ m^3 = 320\ dm^3 = \mathbf{320\ l}$$    Es wurden **320 l** nachgefüllt.

3. Steigt eine Person mit 85 kg in den Pool, verdängt diese ca. 85 l, da

$$85\ kg \triangleq 0{,}085\ m^3 = 85\ dm^3 = 85\ l$$

## 14. Baden in Andalusien — Hinweise & Lösungen

Berechnung der Höhe des steigenden Wasserpegels mithilfe des Dreisatzes:

320 l  ≙  1 cm
 85 l  ≙  0,27 cm

$$x = \frac{85 \cdot 1 \text{ cm}}{320} = 0{,}27 \text{ cm}$$

Der Wasserpegel steigt um **0,27 cm**.

4. Wir gehen wieder von den 320 l für 1 cm steigenden Wasserpegel aus.

   Lösung mit Dreisatz:

   1 cm  ≙  320 l
   2 cm  ≙  640 l

   x · 75 l = 640 l

   640 l : 75 l = 8,5 ⊃ **8 Personen mit 75 kg** und ein Kind mit ca. 38 kg erhöhen den Wasserspiegel um 2 cm.

   Ja, der Platz im Pool würde ausreichen.

5. Filterpumpe:

   Es muss 2-mal der gesamte Inhalt in 8 bis 16 Stunden umgewälzt werden:

   2-mal gesamter Inhalt = 102,4 m³

   Pumpe Nr. 1: 11 m³/h
   102,4 m³ : 11 m³/h = 9,3 h

   Pumpe Nr. 2: 4 m³/h
   102,4 m³ : 4 m³/h = 25,6 h

   Pumpe 2 ist ungeeignet, da sie für zwei Umwälzvorgänge 25,6 h benötigt.

   **Pumpe 1** läuft bei zwei Umwälzvorgängen **9,3 h** und liegt somit im geforderten Bereich von 8 bis 16 h.

6. Kosten für den Pool (einmaliges vollständiges Füllen + Nachfüllen):

   Im Mai wird der Pool vollständig befüllt: 51,2 m³ + 5 % Wasser pro Woche
   Lösung mit Dreisatz:

   100 %  ≙  51,2 m³
     5 %  ≙  x

   $$x = \frac{5 \cdot 51{,}2 \text{ m}^3}{100} = 2{,}56 \text{ m}^3$$

   2,56 m³ · 4 (Wochen) = 10,24 m³ pro Monat

   Für Mai ergibt sich dann:  51,20 m³ (einmaliges Füllen)
                            + 10,24 m³ (Nachfüllen für vier Wochen)
                            = 61,44 m³

   für Juni:                = 10,24 m³

   ⊃ Mai + Juni zusammen    = 71,68 m³

# 14. Baden in Andalusien — Hinweise & Lösungen

Zu beachten ist hier, dass die Abrechnung alle zwei Monate erfolgt, und der Verbrauch über 50 m³ liegt (höchste Preisklasse):

Wasserkosten Mai und Juni: 71,68 m³ · 4,20 € = 301,06 €

Wasserkosten pro Monat von Juli bis September:

Wasserverbrauch liegt unter 24 m³:

10,24 m³ · 0,25 € = 2,56 € (pro Monat)

2,56 € · 3 (Monate) = 7,68 €

Wasserkosten pro Jahr: 301,06 € (Mai/Juni) + 7,86 € (Juli–Sept.) = 308,92 €

Wasserkosten pro Monat (bei 12 Monaten): 308,92 € : 12 = 25,75 €

Hinzu kommen noch Kosten für Pflegematerial:

pro Monat: 200 g Chlor-Granulat pro 10 m³ ⊃ 1,024 kg pro Monat ⊃ 5,12 kg pro Saison

Man wählt besser den 10-kg-Eimer, da er günstiger ist und 2 Jahre hält.

76,80 € : 2 = 38,40 €

Gesamtkosten pro Jahr: 308,92 € + 38,40 € = 347,32 €

pro Monat: 28,94 €

pro Monat in Betriebszeiten von Mai bis September: 69,46 €

Die Gesamtkosten betragen **347,32 €** pro Jahr, pro Monat durchschnittlich **28,94 €** und von Mai bis September **69,46 €**.

7. Pumpe 1 kostet 245 € für 5 Jahre. Der Preis pro Jahr beträgt also:

   245 € : 5 = 49 €

   Kosten pro Jahr: 347,32 € (Wasser) + 49 € (Pumpe) = 396,32 €

   Kosten pro Monat: 396,22 € : 12 = 33,02 €

   pro Monat in Betriebszeiten von Mai bis September: 369,32 € : 5 = 79,26 €

   Die Kosten pro Jahr betragen **369,22 €**, pro Monat **33,02 €** und von Mai bis September **79,26 €**.

## ❓ Weitere mögliche Fragestellungen

- Im Juni fällt ein Shampoo in den Pool, sodass das gesamte Wasser abgelassen werden muss. Berechne die Kostensteigerung in Euro und prozentual.
- Berechne die Kosten eines Pools derselben Größe mit den Wasserpreisen in deinem Wohnort.

# 15. Die Achterbahn „Oblivion"

**Aufgabenblatt**

! Die Achterbahn „Oblivion" steht im Freizeitpark „Alton Towers" in der Grafschaft Staffordshire in Mittelengland. Ihre Abfahrt ist 87° steil und 54,9 m lang. Die Höhe beträgt jedoch lediglich 19,8 m, denn die Abfahrt führt in einen Tunnel unter die Erde. Die Gesamtlänge beträgt 372,5 m. „Oblivion" ist von einem deutschen Ingenieurbüro konstruiert worden. Es ist die erste Achterbahn des Typs „Diving machine". Sie wurde am 14. März 1998 eröffnet.

„Oblivion" besitzt 7 Wagen. In jedem Wagen können 16 Personen sitzen (2 Reihen mit je 8 Personen). Die Fahrzeit beträgt 1 min 15 s. Auf der Strecke befinden sich jedoch immer nur 2 Wagen. Die restlichen Wagen stehen im Ein- und Aussteigebereich bereit.

## Aufgaben

1. Wie tief ist der Tunnel mindestens?
2. Wie viele Personen können in einer Stunde transportiert werden?
3. Wie hoch ist die Durchschnittsgeschwindigkeit der Fahrt? Gib in m/s und in km/h an. Sagt diese Geschwindigkeit etwas über die Geschwindigkeit bei der Abfahrt aus?
4. Am Wochenende und in den Ferien beträgt die Wartezeit an der „Oblivion" oft 90 Minuten und mehr. Wie lang ist wohl die Warteschlange für die angegebene Wartezeit, wenn immer 2 Menschen nebeneinander stehen können?
5. Wie groß ist der Platzbedarf für die wartenden Menschen?

# 15. Die Achterbahn „Oblivion"

**Hinweise & Lösungen**

## ☞ Didaktische Hinweise

> *Notwendige Vorkenntnisse der Schüler*
> - Rechnen mit Geschwindigkeiten
> - Umrechnen zwischen den unterschiedlichen Geschwindigkeitsangaben
> - Abschätzen (wartende Menschenmenge)
> - Formeln umstellen
> - Rechnen mit Zeitspannen
> - Rechnen mit Flächenmaßen
> - physikalische Grundkenntnisse

### Gestaltungsgedanke

Für Aufgaben 4 und 5 bietet es sich an, die Schüler eine Warteschlange bilden zu lassen, um die Abstände zwischen den wartenden Menschen zu ermitteln.

### Mögliche Differenzierung

Einfacher wird die Aufgabe, wenn nur mit einem Wagen gerechnet wird und man angibt, wie viele Fahrten pro Stunde möglich sind bzw. wie lange man für das Ein- und Aussteigen benötigt.

 **Lösungsvorschläge**

1. 54,9 m
   − 19,8 m
   ──────
     35,1 m

   Der Tunnel muss etwas tiefer als **35,1 m** sein. Vermutlich ist er ca. **38 m** tief.

2. Anzahl der Fahrten (1 Wagen) in einer Stunde:   60 min : 1,25 min = 48

   Gesamtanzahl mit 2 Wagen:   2 · 48 = 96

   Anzahl der transportierten Personen:   96 · 16 = 1 536

   Es können in einer Stunde etwa **1 500 Personen** transportiert werden.

3. Durchschnittsgeschwindigkeit in m/s:

   372,5 m : 75 s = 4,97 m/s = 5 m/s

   Durchschnittsgeschwindigkeit in km/h:
   0,3725 km : 1/48 h = 17,88 km/h

   andere Vorgehensweise: 1 m/s = 3,6 km/h
   5 · 3,6 = 18 km/h

   Die Durchschnittsgeschwindigkeit beträgt etwa **5 m/s** bzw. **18 km/h**. Dies sagt nichts über die Geschwindigkeit bei der Abfahrt aus, weil bei der Auffahrt und beim „Ausrollen" sehr viel langsamer gefahren wird. Diese Geschwindigkeit hat praktisch keine Aussagekraft über den Nervenkitzel.

# 15. Die Achterbahn „Oblivion"  **Hinweise & Lösungen**

4. Da pro Stunde etwa 1 500 Personen transportiert werden, ergibt sich für 90 Minuten (= 1,5 h):
   1 500 Menschen pro Stunde · 1,5 h = 2 250 Personen

   2 250 Personen stehen also in der Schlange.

   Üblicherweise stellt man sich in Zweierreihen auf. Es stehen also 1 125 Reihen zu je 2 Personen an.

   Steht man locker hintereinander, beträgt der Abstand zwischen den Reihen ca. 90 cm. Viele Besucher haben zudem einen Rucksack bei sich, sodass Lösungen zwischen 0,7 m und 1,20 m Abstand als richtig angesehen werden können. Geht man von 0,9 m aus, ergibt sich folgende Situation:

   1 125 · 0,9 m = 1 012,5 m

   Die Schlange wäre dann ca. **1 000 m** lang.

5. Wie in Aufgabe 4 entwickelt, ist die Warteschlange etwa 1 000 m lang. Die Breite beträgt ca. 1,20 m. Lösungen zwischen 1 m und 2 m können als richtig angesehen werden.

   1 000 m · 1,20 m = 1 200 m²

   Die Warteschlange füllt etwa **1 200 m²** aus. Dies entspricht einem Quadrat mit der Seitenlänge 34,6 m.

## ❓ Weitere mögliche Fragestellungen

- Das zusätzliche Foto „Aufstieg Oblivion" auf S. 95 zeigt die Fahrt nach oben mit „Oblivion". Schätze den Winkel des Aufstiegs ab. Wie lang ist der Aufstieg auf 19,8 m?
- Wie viele Menschen sind mit „Oblivion" seit ihrer Eröffnung gefahren?

16. Zeitwette?

**Aufgabenblatt**

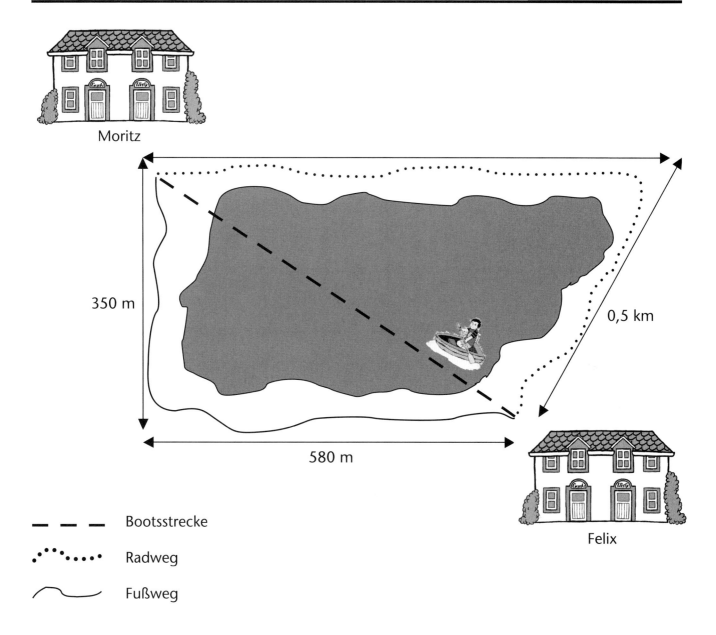

Felix und Moritz stehen vor Felix' Haus, zwischen den Häusern ist ein See. Moritz wettet mit Felix, dass er viel schneller zu seinem Haus rudern kann als Felix, wenn er normal geht oder mit dem Rad fährt.
Was denkst du?

Ein Fußgänger geht durchschnittlich ca. 6 km pro Stunde. Als gut geübter Ruderer benötigt Felix für 50 m 36 Sekunden. Bei einer Radtour über 30 km benötigte Moritz vor Kurzem genau 1 ¼ Stunden.

# 16. Zeitwette? — Hinweise & Lösungen

## 👉 Didaktische Hinweise

> *Notwendige Vorkenntnisse der Schüler*
> - Rechnen mit Längenmaßen
> - Rechnen mit Geschwindigkeiten
> - Dreisatz
> - Pythagoras

### Gestaltungsgedanke

Weg-Zeit-Spiele können in unterschiedlichster Form selbst durchgeführt und dann berechnet werden. Dafür können dann je nach Zeitbedarf Strecken berechnet, gemessen oder auch angegeben werden.
Schüler 1: Um den Schulhof rennen
Schüler 2: Den Schulhof diagonal überqueren
Schüler 3: Mit dem Rad um die Schule fahren
…

### Mögliche Differenzierung

Für schwächere Schüler kann die zur Berechnung der Radstrecke noch fehlende Kathete zusätzlich eingezeichnet werden.

## ✓ Lösungsvorschläge

1. Berechnung der <u>Ruderstrecke</u> (mit dem Satz des Pythagoras):

   $c^2 = a^2 + b^2$

   $c^2 = (580\ m)^2 + (350\ m)^2$

   $c^2 = 336\,400\ m^2 + 122\,500\ m^2$

   $c^2 = 458\,900\ m^2 \quad | \sqrt{\phantom{x}}$

   $c = 677{,}4\ m$

   Berechnen der nötigen Zeit für die Ruderstrecke mit dem Dreisatz:

   50 m ≙ 36 s
   677,4 m ≙ x

   $x = \dfrac{677{,}4\ m \cdot 36\ s}{50\ m}$

   $x = 488\ s$

   $x = 8\ min\ 8\ Sekunden$

   Moritz benötigt für die Ruderstrecke **8 Minuten und 8 Sekunden**.

# 16. Zeitwette? — Hinweise & Lösungen

2. Berechnung der Laufstrecke:

   Laufstrecke = 580 m + 350 m
   Laufstrecke = 930 m

   Berechnung der nötigen Zeit für die Laufstrecke mit dem Dreisatz:

   6000 m   ≙   3600 s
   930 m    ≙   x

   $x = \dfrac{930 \text{ m} \cdot 3600 \text{ s}}{6000 \text{ m}}$

   x = 558 s

   x = 9 min 18 s

   Felix würde für die Laufstrecke **9 Minuten und 18 Sekunden** benötigen.

3. Berechnung der Radstrecke

   Berechnung fehlende Länge mit dem Satz des Pythagoras:

   $c^2 = b^2 + a^2 \quad | - b^2$

   $a^2 = c^2 - b^2$

   $a^2 = (500 \text{ m})^2 - (350 \text{ m})^2$

   $a^2 = 250\,000 \text{ m}^2 - 122\,500 \text{ m}^2$

   $a^2 = 127\,500 \text{ m}^2 \quad | \sqrt{\phantom{x}}$

   a = 357 m

   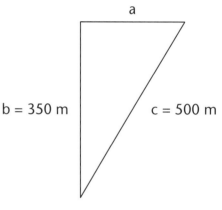
   b = 350 m, c = 500 m

   Länge der Radstrecke: 500 m + 357 m + 580 m

   Länge der Radstrecke = 1437 m

   Berechnung der nötigen Zeit für die Radstrecke mit dem Dreisatz:

   30000 m   ≙   4500 s
   1437 m    ≙   x

   $x = \dfrac{1437 \text{ m} \cdot 4500 \text{ m}}{30\,000 \text{ m}} = 216 \text{ s}$

   x = 3 min 36 s

Felix würde für die Radstrecke **3 Minuten und 36 Sekunden** benötigen.

Moritz wäre beim Rudern 1 Minute und 10 Sekunden schneller als Felix, wenn dieser laufen würde. Mit dem Rad wäre Felix allerdings um 4 Minuten und 32 Sekunden schneller als Moritz. **Moritz' Aussage stimmt also nicht.**

# 16. Zeitwette? — Hinweise & Lösungen

 **Weitere mögliche Fragestellungen**

- Wäre Felix mit dem Rad auch schneller, wenn er nach 500 m einen Platten hätte und den Rest der Strecke schieben müsste?
- Wie lange braucht Moritz, wenn sein Boot ein Loch hat und er die Hälfte der Strecke schwimmen muss?
- Was passiert, wenn Felix beim Laufen umknickt und die letzen 400 m humpelnd zurücklegen muss?
- Wie lange braucht Felix, wenn er mit dem Rad fährt, aber nach 30 Sekunden feststellt, dass er etwas vergessen hat und noch einmal umkehren muss?

# 17. Paella satt?

**Aufgabenblatt**

*„Diese Portion reicht für mindestens 10 Personen"!?*

Auf dem Foto ist eine Pfanne voll Paella zu sehen. Dabei handelt es sich um ein spanisches Reisgericht mit Gemüse, Hähnchenfleisch und Meeresfrüchten. Paellapfannen sind etwa 8 cm hoch, jedoch maximal zur Hälfte gefüllt, da der Reis beim Kochen stark aufquillt. Wird Reis wie in der Paella als Beilage serviert, benötigt ein Erwachsener etwa 100 Gramm (roh). Gegart wiegen 100 Gramm Reis etwa 230 Gramm. Auf das Volumen von 100 cm³ kommen etwa 75 Gramm gegarter Reis. Der Reis macht ca. $1/3$ des Gesamtvolumens dieser Paella aus.

## Aufgaben

1. Überprüfe die oben gemachte Aussage, dass die Paella für 10 Personen reicht.

2. Wie viele erwachsene Personen werden von dieser Paellapfanne satt?

3. Um wie viel Prozent nimmt das Gewicht des Reises beim Kochen zu?

4. Wie viel Euro würdest du für diese Paella verlangen? Begründe deinen Preisvorschlag.

## 17. Paella satt?   Hinweise & Lösungen

☞ **Didaktische Hinweise**

> *Notwendige Vorkenntnisse der Schüler*
> - hohe Lesefertigkeit
> - Volumenberechnung Zylinder
> - Flächenberechnung Kreis
> - Rechnen mit Maßstäben
> - Dreisatz
> - Prozentrechnen
> - Informationsbeschaffung: Preise für die Zutaten

*Gestaltungsgedanke*

Von besonderer Schwierigkeit ist hierbei die Ermittlung der tatsächlichen Pfannengröße. Dies ist z. B. möglich über einen Vergleich von Zitrone und Pfanne. Diese zugegeben etwas knifflige Herangehensweise kann auch gemeinsam mit den Schülern erfolgen.
Eine Zitrone hat einen Durchmesser von etwa 5,5 cm. Im Bild entspricht dies 2 cm. Der Umwandlungsfaktor beträgt demnach 2,75. Auf dem Bild hat die Paellapfanne einen Durchmesser von 12,5 cm, was in Wirklichkeit dann **34,4 cm, also rund 34 cm** entspricht.

*Mögliche Differenzierung*

Als Hilfestellung zur Preisermittlung in Aufgabe 4 können folgende Angaben vorgegeben werden:

| | |
|---|---|
| Miesmuscheln | 6,00 € pro kg |
| Scampis | 4,00 € pro 100 g |
| Gemüse | 0,80 € pro Portion |
| Reis | 2,50 € pro 250 g |
| Hühnchenfleisch | 2,50 € pro 100 g |

Des Weiteren kann ein Paellarezept mit entsprechenden Mengenangaben hilfreich sein:

**Für 4 Personen werden benötigt:**

- 400 g Hähnchenfleisch
- 300 g Muscheln
- 12 Garnelen
- 2 verschiedenfarbige Paprikaschoten
- 1 Zwiebel
- 200 g Erbsen
- 2 Zitronen
- 200 g Bohnen
- 400 g Reis
- 2 Knoblauchzehen
- Olivenöl
- 200 g Oliven
- Gewürze wie Pfeffer, Salz, Paprikapulver (edelsüß) und Brühe, evtl. Safran

# 17. Paella satt?

**Hinweise & Lösungen**

 **Lösungsvorschläge**

1. Volumen der gesamten Pfanne: (Maße wurden wie unter „Gestaltungsgedanke" ermittelt und auf 34 cm gerundet.)

    $V = \pi \cdot r^2 \cdot h = \pi \cdot 17^2 \text{ cm}^2 \cdot 8 \text{ cm} = 3{,}14 \cdot 289 \text{ cm}^2 \cdot 8 \text{ cm} = 7\,259{,}68 \text{ cm}^3$

    Da die Pfanne nur zur Hälfte mit Paella gefüllt ist:

    $7\,259{,}68 \text{ cm}^3 : 2 = 3\,629{,}84 \text{ cm}^3 \approx 3\,600 \text{ cm}^3$

    Bei 10 Personen würde jeder **ca. 360 cm³** Paella bekommen. Dies entspricht etwa dem Inhalt einer Müslischale oder eines Kaffeebechers und reicht keinesfalls aus, um satt zu werden.

2. Dem Text kann man entnehmen, dass ein Erwachsener etwa 230 Gramm gegarten Reis benötigt, um satt zu werden.

    $\cdot 3 \downarrow \begin{array}{ccc} 100 \text{ cm}^3 & \text{entsprechen} & 75 \text{ Gramm Reis} \\ 300 \text{ cm}^3 & \text{entsprechen} & 225 \text{ Gramm Reis} \end{array} \downarrow \cdot 3$

    230 Gramm gegarter Reis haben ein Volumen von ca. 300 cm³. Dies macht ca. 1/3 der gesamten Paella aus.

    Volumen einer ganzen Paella-Portion:

    $3 \cdot 300 \text{ cm}^3 = 900 \text{ cm}^3$
    $3\,600 \text{ cm}^3 : 9\,000 \text{ cm}^3 = 4$     Das bedeutet, die Paella sättigt **4 Personen**.

3. 100 Gramm roher Reis entsprechen 100 %.

    230 Gramm gegarter Reis entsprechen 230 %.

    Das Gewicht nimmt um **130 %** zu.

4. Es handelt sich um ein Gericht für 4 Personen mit zum Teil ausgefallenen Zutaten (Meeresfrüchte), deshalb sollte der Preis bei **mindestens 40 €** liegen.

    Im Gastronomiegewerbe geht man davon aus, dass bei Essen ca. 30 % des Verkaufspreises für den Einkauf der Zutaten ausgegeben wird.
    Andere Vorgehensweisen und Begründungen sind möglich.

 **Weitere mögliche Fragestellungen**

- Welchen Durchmesser müsste eine Paellapfanne haben, wenn sie tatsächlich 10 Portionen enthalten sollte? Wie viel Reis wäre hierfür notwendig?

- Für Straßenfeste werden Paellapfannen hergestellt, die ca. 200 Portionen enthalten. Welche Maße hat eine solche Pfanne, wenn die Höhe ebenfalls 8 cm betragen soll? Wie viel m² Edelstahl werden hierfür benötigt?

# 18. Tour de Mathematik

**Aufgabenblatt**

Kettenblatt

Trotz Dopingdiskussion steht Rennradfahren hoch im Kurs. Wer auf diesem Sportgerät zurechtkommen möchte, muss sich auch mit der Technik des Rades auseinandersetzen. Beim Kauf eines Rennrades sollte man die richtige Übersetzung wählen.

Beim Fahrrad gibt es die Bezeichnung „Kettenblatt". Das ist das vordere Zahnrad eines Fahrradantriebes, das an der Kurbel befestigt ist. Hier sieht man 50 Zähne auf dem äußeren und 36 Zähne auf dem inneren Kettenblatt.

Am Hinterrad ist die Kassette befestigt. Ein einzelnes Zahnrad bezeichnet man als Ritzel. Die Kassette besteht aus mehreren Ritzeln. (Hier mit 12/13/14/15/16/17/19/21/23/25 Zähnen).

Kassette

## Übersetzungen

In der Zeichnung siehst du einen Fahrradantrieb. Das Kettenblatt besitzt 36 Zähne, das Ritzel 18 Zähne. Wenn sich die Tretkurbel einmal dreht, wie oft dreht sich dann das Hinterrad des Fahrrads?

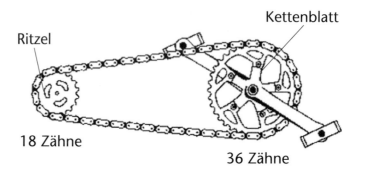

Ritzel — 18 Zähne

Kettenblatt — 36 Zähne

# 18. Tour de Mathematik

**Aufgabenblatt**

Die Übersetzung lässt sich mithilfe eines Bruchs darstellen.
In diesem Beispiel rechnet man:

$$\frac{\text{Zähne des Kettenblatts}}{\text{Zähne des Ritzels}} = \frac{36}{18} = 2 \;\supset\; \text{Die Übersetzung beträgt 2.}$$

## Aufgaben

1. Erstelle eine Tabelle, in der alle Übersetzungen des oben abgebildeten Fahrrads übersichtlich geordnet sind. Berechne auf zwei Stellen nach dem Komma.

   Übersetzungen und Entfaltung:
   Die Tabelle mit den Übersetzungsverhältnissen ist wenig aussagekräftig, daher soll jedes Übersetzungsverhältnis in eine Entfaltung für den entsprechenden Gang umgerechnet werden. Unter der Entfaltung versteht man die Länge der Strecke, die ein Fahrrad durch eine Umdrehung der Tretkurbeln zurücklegt.
   Für die Berechnung der Entfaltung benötigt man den Durchmesser des Rades, der hier mit 28" (28 Zoll) angegeben wird.

   $$\text{Entfaltung} = \frac{\text{Zähne des Kettenblatts}}{\text{Zähne des Ritzels}} \cdot \text{Umfang des Rades}$$

2. Berechne die Entfaltung für die 20 Übersetzungen. Lege eine Tabelle an.

3. Ein Rennradfahrer fährt eine flache Strecke von 62 km. 50 km davon fährt er im größten Gang. Wie viele Kurbelumdrehungen hat er in den 50 km zu bewältigen?

4. 800 m fährt er im kleinsten Gang, 3 km im 4. Gang, 4 200 m im 12. Gang und 5 km im 16. Gang. Berechne die gesamte Anzahl der Kurbelumdrehungen.

5. Welche Strecke legt er im 5. Gang mit 3 297 Kurbelumdrehungen zurück?

# 18. Tour de Mathematik — Hinweise & Lösungen

## ☞ Didaktische Hinweise

### Notwendige Vorkenntnisse der Schüler
- Rechnen mit Längenmaßen
- Volumenberechnung Quader
- Rechnen mit Volumen und Gewichten
- Prozentrechnen
- Umgang mit diskontinuierlichen Texten

### Gestaltungsgedanke

Sehr anschaulich wird es, wenn Sie ein Rennrad ins Klassenzimmer stellen. Dadurch werden die Fachbegriffe fassbarer. Die Übersetzung und Entfaltung kann am Rad demonstriert oder handelnd erfahrbar werden.

### Mögliche Differenzierung

Für sehr gute Gruppen können die Formeln für die Berechnung der Übersetzung und die Entfaltung gelöscht werden, sodass die Schüler diese Formeln selbst entwickeln müssen.

## ✓ Lösungsvorschläge

### 1. und 2.

| Zähne Kettenblatt | Zähne Ritzel | Übersetzung $= \dfrac{\text{Zähne Kettenblatt}}{\text{Zähne Ritzel}}$ | Entfaltung $=$ Übersetzung $\cdot$ Umfang Rad | Gang |
|---|---|---|---|---|
| 50 | 12 | $\dfrac{50}{12} = 4{,}17$ | $4{,}17 \cdot 2{,}23$ m $= 9{,}3$ m | 20 |
| 50 | 13 | $\dfrac{50}{13} = 3{,}85$ | $3{,}85 \cdot 2{,}23$ m $= 8{,}59$ m | 19 |
| 50 | 14 | $\dfrac{50}{14} = 3{,}57$ | $3{,}57 \cdot 2{,}23$ m $= 7{,}96$ m | 18 |
| 50 | 15 | $\dfrac{50}{15} = 3{,}33$ | $3{,}33 \cdot 2{,}23$ m $= 7{,}43$ m | 17 |
| 50 | 16 | $\dfrac{50}{16} = 3{,}13$ | $3{,}13 \cdot 2{,}23$ m $= 6{,}98$ m | 16 |
| 50 | 17 | $\dfrac{50}{17} = 2{,}94$ | $2{,}94 \cdot 2{,}23$ m $= 6{,}56$ m | 14 |
| 50 | 19 | $\dfrac{50}{19} = 2{,}63$ | $2{,}63 \cdot 2{,}23$ m $= 5{,}86$ m | 12 |
| 50 | 21 | $\dfrac{50}{21} = 2{,}38$ | $2{,}38 \cdot 2{,}23$ m $= 5{,}31$ m | 9 |
| 50 | 23 | $\dfrac{50}{23} = 2{,}17$ | $2{,}17 \cdot 2{,}23$ m $= 4{,}84$ m | 7 |
| 50 | 25 | $\dfrac{50}{25} = 2$ | $2 \cdot 2{,}23$ m $= 4{,}46$ m | 5 |

# 18. Tour de Mathematik — Hinweise & Lösungen

| Zähne Kettenblatt | Zähne Ritzel | Übersetzung | Entfaltung | Gang |
|---|---|---|---|---|
| 36 | 12 | $\frac{36}{12} = 3$ | $3 \cdot 2{,}23\,\text{m} = 6{,}69\,\text{m}$ | 15 |
| 36 | 13 | $\frac{36}{13} = 2{,}77$ | $2{,}77 \cdot 2{,}23\,\text{m} = 6{,}18\,\text{m}$ | 13 |
| 36 | 14 | $\frac{36}{14} = 2{,}57$ | $2{,}57 \cdot 2{,}23\,\text{m} = 5{,}73\,\text{m}$ | 11 |
| 36 | 15 | $\frac{36}{15} = 2{,}4$ | $2{,}4 \cdot 2{,}23\,\text{m} = 5{,}35\,\text{m}$ | 10 |
| 36 | 16 | $\frac{36}{16} = 2{,}25$ | $2{,}25 \cdot 2{,}23\,\text{m} = 5{,}02\,\text{m}$ | 8 |
| 36 | 17 | $\frac{36}{17} = 2{,}12$ | $2{,}12 \cdot 2{,}23\,\text{m} = 4{,}73\,\text{m}$ | 6 |
| 36 | 19 | $\frac{36}{19} = 1{,}89$ | $1{,}89 \cdot 2{,}23\,\text{m} = 4{,}21\,\text{m}$ | 4 |
| 36 | 21 | $\frac{36}{21} = 1{,}71$ | $1{,}71 \cdot 2{,}23\,\text{m} = 3{,}81\,\text{m}$ | 3 |
| 36 | 23 | $\frac{36}{23} = 1{,}57$ | $1{,}57 \cdot 2{,}23\,\text{m} = 3{,}5\,\text{m}$ | 2 |
| 36 | 25 | $\frac{36}{25} = 1{,}44$ | $1{,}44 \cdot 2{,}23\,\text{m} = 3{,}21\,\text{m}$ | 1 |

Andere tabellarische Darstellungen sind möglich.

2. Berechnung Durchmesser 28"-Rad:

1" ≙ 2,54 cm
28" ≙ x

$$x = \frac{28" \cdot 2{,}54\,\text{cm}}{1"}$$

x = 71,12 cm

Der Durchmesser beträgt 71,12 cm.

Berechnung Umfang 28"-Rad:

U = π · d
U = π · 71,12 cm
U = 223,43 cm = 2,23 m

3. Bei einer Kurbelumdrehung im größten Gang legt der Radfahrer 9,3 m zurück.

Lösung mit Dreisatz:

1 Kurbelumdrehung ≙ 9,3 m
x Kurbelumdrehungen ≙ 50 000 m

$$x = \frac{50\,000\,\text{m} \cdot 1}{9{,}3\,\text{m}}$$

x = 5 376 Kurbelumdrehungen

Der Rennfahrer hat **5 376 Kurbelumdrehungen** zu bewältigen.

# 18. Tour de Mathematik

**Hinweise & Lösungen**

4.   800 m / 3,21 m   =   249 Kurbelumdrehungen
   3 000 m / 4,21 m  =   713 Kurbelumdrehungen
   4 200 m / 5,86 m  =   717 Kurbelumdrehungen
   5 000 m / 6,98 m  =   716 Kurbelumdrehungen
   gesamt            =   **2 395 Kurbelumdrehungen**

Die Gesamtanzahl der Kurbelumdrehungen beträgt **2 395**.

5. 3 297 Kurbelumdrehungen · 4,46 m = 14 705 m = 14,7 km.
Er legt **14,7 km** zurück.

## ❓ Weitere mögliche Fragestellungen

- Erstelle ein eigenes Streckenprofil. Gib den Gang und die geleisteten Umdrehungen an und berechne die Entfaltung und die zurückgelegte Strecke.
Stelle die Aufgabe deinem Nachbarn.

- Zeichne ein Höhenprofil. Vermute für das Profil die unterschiedlichen Gänge. Berechne mithilfe dieser Annahme die nötigen Kurbelumdrehungen. Hierbei handelt es sich allerdings um Vermutungen. Stelle die Aufgabe deinem Nachbarn.

- Leite aus dem Bild ein weiteres mathematisches Problem ab und löse es.

## 19. Der kugelrunde Bär

**Aufgabenblatt**

**!** In der Kugel ist ein junger, nicht ausgewachsener Eisbär zu sehen. Der neben ihm stehende Hund hat eine Schulterhöhe von 60 cm.
Erwachsene männliche Eisbären erreichen stehend eine Größe von 2,40 bis 2,60 m. Die Schulterhöhe auf allen vieren beträgt bis zu 1,60 m und das Gewicht beläuft sich durchschnittlich auf 420 bis 500 kg.

Der Äquator (= Erdumfang) ist ca. 40 000 km lang.
Der Mond hat einen Durchmesser von rund 3 480 km.
Die Entfernung zwischen Mond und Erde beträgt 384 403 km.
Der Radius der Sonne beträgt 696 000 km.
Die Entfernung zwischen Sonne und Erde beträgt 149 503 000 km.

## Aufgaben

1. Wie groß ist das Volumen der Kugel?
2. Wie groß wäre der abgebildete junge Bär, wenn er sich aufrichten würde?
3. Wie schwer wäre der abgebildete Bär, wenn es sich um einen echten Eisbären handeln würde?
4. Wenn die Kugel ein Modell der Erde darstellen würde, wie groß wäre dann der Mond? Wie würdest du den Mond darstellen?
5. Welchen Abstand müsste das Modell des Mondes von der Kugel haben?
6. Um wie viel Mal ist die Sonne größer als die Erde?
7. Wie groß müsste ein maßstabsgetreues Modell der Sonne sein?

# 19. Der kugelrunde Bär — Hinweise & Lösungen

## ☞ Didaktische Hinweise

*Notwendige Vorkenntnisse der Schüler*
- Volumenberechnung Kugel
- Rechnen mit Maßstäben
- Rechnen mit großen Zahlen
- Rechnen mit Verhältnissen
- Umfangsberechnungen am Kreis

### Gestaltungsgedanke

Von besonderer Schwierigkeit ist bei dieser Aufgabe die Ermittlung der tatsächlichen Maße der Kugel.

Durch Abmessen des Hundes kommt man auf folgenden Vergleich:

· 2 ↓ 2,3 cm im Bild (Schulterhöhe Hund) entsprechen 60 cm ↓ · 2
↓ 4,6 cm im Bild (Radius der Kugel) entsprechen 120 cm ↓

Diese Vorgehensweise kann mit den Schülern gemeinsam erfolgen.

### Mögliche Differenzierung

Wie bereits erwähnt, stellt schon die 1. Aufgabe eine größere Hürde dar. Diese kann zum einen wie oben beschrieben gelöst werden, zum anderen kann der Radius der Kugel angegeben werden. Dann lässt sich die Aufgabe deutlich einfacher lösen. Um die Beschaffung von Informationen und das sinnvolle Runden zu üben, können die Längenangaben bzw. Abstände auch weggelassen werden.

##  Lösungsvorschläge

1. $V = \frac{4}{3}\pi \cdot r^3 = \frac{4}{3}\pi \cdot (1{,}2\ m)^3 = 7{,}2\ m^3$

    Das Volumen der Kugel beträgt **7,2 m³**.

2. Misst man die Hinterbeinhöhe sowie den Rumpf des Bären ab, erhält man
    3 cm + 3,5 cm = 6,5 cm.

    Nun erfolgt derselbe Lösungsansatz wie in Aufgabe 1.

    · 2,8 ↓ 2,3 cm im Bild (Schulterhöhe Hund) entsprechen 60 cm ↓ · 2,8
    ↓ 6,5 cm im Bild (Länge des Eisbären) entsprechen 170 cm ↓

    In aufrechter Haltung wäre der Bär **etwa 1,70 m** groß.

# 19. Der kugelrunde Bär — Hinweise & Lösungen

3. Ein ausgewachsener Bär wird 2,60 m groß und wiegt etwa 500 kg.

$$\cdot\,0{,}65 \downarrow \quad \begin{array}{l} 2{,}60 \text{ m entsprechen } 500 \text{ kg} \\ 1{,}70 \text{ m entsprechen } 326{,}9 \text{ kg} \end{array} \downarrow \cdot\,0{,}65$$

Der Bär würde etwa **330 kg** wiegen.

4. $U_{Erde} = 40\,000$ km
   $U_{Erde} = \pi\, d$

   $d_{Erde} = \dfrac{U}{\pi} = \dfrac{40\,000 \text{ km}}{\pi} = 12\,732$ km

   $d_{Mond} = 3\,480$ km

   12 732 km ≙ 2,4 m
   3 480 km ≙ 0,66 m

   Der Durchmesser des Mondes würde **0,66 m** betragen. Dies ist in etwa die Größe eines aufgeblasenen Sitzballes.

5. 384 403 km entsprechen 72,5 m.

   Der Abstand würde **72,5 m** betragen.

6. $r_{Erde} = 6\,366$ km
   $r_{Sonne} = 696\,000$ km

   696 000 km : 6 366 km = 109,3

   Die Sonne ist **109-mal** größer als die Erde.

7. $d_{Erdmodell} = 2{,}4$ m
   $d_{Sonnenmodell} = 2{,}4 \text{ m} \cdot 109 = 261{,}6$ m

   Das Modell müsste einen Durchmesser von ca. **260 m** haben.

## ❓ Weitere mögliche Fragestellungen

- Ermittle die Größe eines Rechtecks aus der Mitte des Gradnetzes der abgebildeten Kugel.
- Fertige eine maßstabsgetreue Skizze der Kugel an (Maßstab 1 : 10).
- Ermittle das Gewicht des Sockels aus Beton. Dichte von Beton: 2,3 g/cm³

# 20. Am besten eiskalt genießen

**!** In Deutschland gibt es fast 100 Sorten Eis. Im Rekordsommer 2003 haben die Deutschen durchschnittlich 100 Kugeln Eis verzehrt. Dies entspricht etwa 8,3 kg. Besonders beliebt ist die Wundertüte. Sie besteht aus 3 Kugeln Eis mit Sahne und einer Soße. Dabei kann man zwischen den folgenden Sorten wählen: Erdbeersoße, Schokoladensoße, Kiwisoße und Karamellsoße.

## Aufgaben

1. Katja mag nur die Eissorten Schokolade, Karamell, Zitrone, Stracciatella, Kirsche und Erdbeere. Wie viele verschiedene Eiswaffeln aus 2 unterschiedlichen Sorten könnte sich Katja bestellen?
2. Wie viele Möglichkeiten gibt es, wenn sie auch 2 Kugeln derselben Sorte auswählt?
3. Wie viele Möglichkeiten gibt es, mit den 6 verschiedenen Eissorten eine Wundertüte zusammenzustellen, die aus 3 verschiedenen Eissorten besteht?
4. Wie viele Möglichkeiten gibt es, wenn eine Eissorte auch mehrmals ausgewählt werden kann?
5. Christian ist nicht so wählerisch. Er mag alle 12 Eissorten gerne. Wie viele Möglichkeiten gibt es, aus 12 verschiedenen Eissorten eine Waffel mit 2 verschiedenen Eiskugeln auszuwählen?
6. Wie viele Möglichkeiten gibt es, wenn er auch 2 Kugeln derselben Sorte auswählen kann?
7. Wie viele Möglichkeiten gibt es für Christian, eine Wundertüte zusammenzustellen, die aus 3 verschiedenen Eissorten besteht?
8. Wie viele Möglichkeiten gibt es, eine Wundertüte zusammenzustellen, wenn eine Eissorte auch mehrmals ausgewählt werden kann?

## 20. Am besten eiskalt genießen — Hinweise & Lösungen

### 👉 Didaktische Hinweise

> *Notwendige Vorkenntnisse der Schüler*
> - logisches Denken
> - Grundvorstellungen der Kombinatorik
> - Umgang mit Formeln
> - Grundrechenarten
> - Umgang mit dem Taschenrechner

*Gestaltungsgedanke*

Für die Aufgaben 1–4 lohnt es sich, Schätzungen und Vermutungen der Schüler an der Tafel zu sammeln. Wer am nächsten an der Lösung liegt, bekommt einen Eisgutschein o. Ä. Die Lösungsvorschläge liegen in der Regel sehr weit auseinander, sodass die Schüler automatisch beginnen zu argumentieren.

*Mögliche Differenzierung*

Der Schwierigkeitsgrad der Aufgabe lässt sich leicht verändern, indem mit noch weniger Eissorten begonnen wird. Dabei kann dann eine sinnvolle Schreibweise für die einzelnen Eiskombinationen gefunden werden. Zudem kann es ausreichen, die Aufgaben 1–4 zu bearbeiten. In höheren Klassen können die Formeln vorgegeben werden, um dann mit deutlich mehr Eissorten zu arbeiten, wie es in der Realität durchaus üblich ist.

Die angesprochenen Aufgaben sind klassische Aufgaben aus der Kombinatorik. Es muss zwischen 4 Fällen unterschieden werden:

$n$ ist dabei immer die Anzahl der Elemente, aus denen ausgewählt werden kann. (Beispiel: 12 Eissorten)
$k$ ist die Anzahl der Elemente, die ausgewählt werden sollen (Beispiel: 2 Eiskugeln pro Waffeln)

„Mit Wiederholung" bedeutet, dass ein Element mehrmals ausgewählt werden kann. „Ohne Wiederholung" bedeutet, dass jedes Element nur höchstens einmal ausgewählt werden kann.
„Mit Beachtung der Reihenfolge" bedeutet, dass es einen Unterschied macht, an welcher Stelle welches Element steht. Am Beispiel würde es bedeuten, dass es sich um zwei verschiedene Waffeln handeln würde, wenn die Kugeln in unterschiedlicher Reihenfolge in die Waffel gegeben werden.

|                    | mit Beachtung der Reihenfolge | ohne Beachtung der Reihenfolge |
|--------------------|-------------------------------|--------------------------------|
| mit Wiederholung   | $n^k$                         | $\binom{n+k-1}{k}$             |
| ohne Wiederholung  | $\dfrac{n!}{(n-k)} = \binom{n}{k} \cdot k$ | $\binom{n}{k}$     |

## 20. Am besten eiskalt genießen

**Hinweise & Lösungen**

 **Lösungsvorschläge**

1. Nummeriert man die Sorten von 1 bis 6, ergibt sich folgende Situation:

|         | Sorte 1 | Sorte 2 | Sorte 3 | Sorte 4 | Sorte 5 | Sorte 6 |
|---------|---------|---------|---------|---------|---------|---------|
| Sorte 1 | x       |         |         |         |         |         |
| Sorte 2 | x       | x       |         |         |         |         |
| Sorte 3 | x       | x       | x       |         |         |         |
| Sorte 4 | x       | x       | x       | x       |         |         |
| Sorte 5 | x       | x       | x       | x       | x       |         |
| Sorte 6 | x       | x       | x       | x       | x       | x       |

Es gibt also **15 Möglichkeiten**, aus 6 Eissorten 2 verschiedene auszuwählen.

Die Formel zur Berechnung lautet: $\binom{n}{k} = \binom{6}{2} = 15$

2. Zu den 15 Möglichkeiten, gemischte Waffeln zu machen, kommen 6 weitere Möglichkeiten hinzu (in der Tabelle zu Aufgabe 1 zusätzlich unterstrichen).

Es gibt also **21 Möglichkeiten**, eine Waffel aus 2 Sorten Eis zu wählen, bei der eine Sorte mehrfach gewählt werden kann.

Die Formel zur Berechnung lautet $\binom{n + k - 1}{k} = \binom{7}{2} = 21$

3. Wundertüten mit Sorte 1: insgesamt 10

|         | Sorten 1 und 2 | Sorten 1 und 3 | Sorten 1 und 4 | Sorten 1 und 5 |
|---------|----------------|----------------|----------------|----------------|
| Sorte 3 | x              |                |                |                |
| Sorte 4 | x              | x              |                |                |
| Sorte 5 | x              | x              | x              |                |
| Sorte 6 | x              | x              | x              | x              |

Wundertüten mit Sorte 2: insgesamt 6

|         | Sorten 2 und 3 | Sorten 2 und 4 | Sorten 2 und 5 |
|---------|----------------|----------------|----------------|
| Sorte 4 | x              |                |                |
| Sorte 5 | x              | x              |                |
| Sorte 6 | x              | x              | x              |

Wundertüten mit Sorte 3: insgesamt 3: 3 + 4 + 5; 3 + 4 + 6

Wundertüte mit Sorte 4: 4 + 5 + 6

Es gibt **20 Möglichkeiten**, aus 6 Eissorten 3 verschiedene auszuwählen.

Die Formel zur Berechnung lautet $\binom{n}{k} = \binom{6}{3} = 20$

*20. Am besten eiskalt genießen*                                **Hinweise & Lösungen**

4. Zu den 20 genannten Möglichkeiten kommen **6 Möglichkeiten** hinzu, bei denen 3-mal dieselbe Sorte gewählt wird (unterstrichen). Außerdem noch folgende **30 Möglichkeiten**:

|  | Sorte 1 und 1 | Sorte 2 und 2 | Sorte 3 und 3 | Sorte 4 und 4 | Sorte 5 und 5 | Sorte 6 und 6 |
|---|---|---|---|---|---|---|
| Sorte 1 | x̲ | x | x | x | x | x |
| Sorte 2 | x | x̲ | x | x | x | x |
| Sorte 3 | x | x | x̲ | x | x | x |
| Sorte 4 | x | x | x | x̲ | x | x |
| Sorte 5 | x | x | x | x | x̲ | x |
| Sorte 6 | x | x | x | x | x | x̲ |

Es gibt **56 Möglichkeiten**, aus 6 Eissorten 3 auszuwählen.

Die Formel zur Berechnung lautet $\binom{n + k - 1}{k} = \binom{8}{3} = 56$

5. 2 aus 12 ohne Wiederholung

Die Tabelle aus Aufgabe 1 muss um 6 Spalten und 6 Zeilen erweitert werden.

|  | 1 | 2 | 3 | 4 | 5 | 6 | 7 | 8 | 9 | 10 | 11 | 12 |
|---|---|---|---|---|---|---|---|---|---|---|---|---|
| 1 | x̲ |  |  |  |  |  |  |  |  |  |  |  |
| 2 | x | x̲ |  |  |  |  |  |  |  |  |  |  |
| 3 | x | x | x̲ |  |  |  |  |  |  |  |  |  |
| 4 | x | x | x | x̲ |  |  |  |  |  |  |  |  |
| 5 | x | x | x | x | x̲ |  |  |  |  |  |  |  |
| 6 | x | x | x | x | x | x̲ |  |  |  |  |  |  |
| 7 | x | x | x | x | x | x | x̲ |  |  |  |  |  |
| 8 | x | x | x | x | x | x | x | x̲ |  |  |  |  |
| 9 | x | x | x | x | x | x | x | x | x̲ |  |  |  |
| 10 | x | x | x | x | x | x | x | x | x | x̲ |  |  |
| 11 | x | x | x | x | x | x | x | x | x | x | x̲ |  |
| 12 | x | x | x | x | x | x | x | x | x | x | x | x̲ |

Es gibt **66 Möglichkeiten**, Eiswaffeln mit 2 verschiedenen Sorten auszuwählen.

Die Formel zur Berechung lautet $\binom{n}{k} = \binom{12}{2} = 66$

## 20. Am besten eiskalt genießen — Hinweise & Lösungen

6. Zu den oben aufgeführten 66 Möglichkeiten kommen 12 hinzu, bei denen die Waffel aus 2 gleichen Sorten bestehen darf (in der Tabelle blau markiert). Es gibt also insgesamt **78 Möglichkeiten**, aus 12 Eisorten 2 Sorten auszuwählen, wenn dieselbe Sorte mehrfach ausgewählt werden darf.

   Die Formel zur Berechnung lautet $\binom{n + k - 1}{k} = \binom{13}{2} = 78$

7. Exemplarisch ist hier nur die Sorte 1 dargestellt. Der Lösungsweg ist dann analog zu Aufgabe 3.

   Wundertüten mit Sorte 1:

   |  | Sorten 1 und 2 | Sorten 1 und 3 | Sorten 1 und 4 | Sorten 1 und 5 | Sorten 1 und 6 | Sorten 1 und 7 | Sorten 1 und 8 | Sorten 1 und 9 | Sorten 1 und 10 | Sorten 1 und 11 |
   |---|---|---|---|---|---|---|---|---|---|---|
   | Sorte 3 | x |  |  |  |  |  |  |  |  |  |
   | Sorte 4 | x | x |  |  |  |  |  |  |  |  |
   | Sorte 5 | x | x | x |  |  |  |  |  |  |  |
   | Sorte 6 | x | x | x | x |  |  |  |  |  |  |
   | Sorte 7 | x | x | x | x | x |  |  |  |  |  |
   | Sorte 8 | x | x | x | x | x | x |  |  |  |  |
   | Sorte 9 | x | x | x | x | x | x | x |  |  |  |
   | Sorte 10 | x | x | x | x | x | x | x | x |  |  |
   | Sorte 11 | x | x | x | x | x | x | x | x | x |  |
   | Sorte 12 | x | x | x | x | x | x | x | x | x | x |

   Für die Sorte 1 gibt es **55 Möglichkeiten**. Für die Sorte 2 gibt es **45 Möglichkeiten**.
   Für die Sorte 3 gibt es **36 Möglichkeiten**. Für die Sorte 4 gibt es **28 Möglichkeiten**.
   Für die Sorte 5 gibt es **21 Möglichkeiten**. Für die Sorte 6 gibt es **15 Möglichkeiten**.
   Für die Sorte 7 gibt es **10 Möglichkeiten**. Für die Sorte 8 gibt es **6 Möglichkeiten**.
   Für die Sorte 9 gibt es **3 Möglichkeiten**. Für die Sorte 10 gibt es **1 Möglichkeit**.

   Es gibt also insgesamt **220 Möglichkeiten**, 3 aus 12 Kugeln auszuwählen, ohne dass eine Sorte mehrfach gewählt wurde.

   Die Formel zur Berechnung lautet $\binom{n}{k} = \binom{12}{3} = 220$

   Da es 4 verschiedene Soßen gibt, ist es möglich, 220 · 4 = **880 Wundertüten** zusammenzustellen.

# 20. Am besten eiskalt genießen

## Hinweise & Lösungen

8. Es kommen folgende Wundertüten hinzu:

Es gibt 12 Möglichkeiten, 3 gleiche Sorten auszuwählen.

Hinzu kommen folgende Möglichkeiten:

Es gibt 11 Möglichkeiten, bei denen Sorte 1 doppelt vorkommt. Es gibt 11 Möglichkeiten, bei denen Sorte 1 einmal vorkommt und die zweite gewählte Sorte doppelt vorkommt.

Es gibt 10 Möglichkeiten, bei denen Sorte 2 doppelt vorkommt.

Es gibt 10 Möglichkeiten, bei denen Sorte 2 einmal vorkommt und die zweite gewählte Sorte doppelt vorkommt.

Die Reihe setzt sich dann so fort, bis zu 1 Möglichkeit, bei der Sorte 11 doppelt vorkommt. Es gibt 1 Möglichkeit, bei der Sorte 11 einmal vorkommt und die zweite gewählte Sorte doppelt vorkommt.

Es kommen also **144 Möglichkeiten** hinzu. Zusammen sind es 364 Möglichkeiten, 3 Eiskugeln aus 12 Sorten auszuwählen.

Die Formel zur Berechnung lautet $\binom{n + k - 1}{k} = \binom{14}{3} = 364$

Insgesamt kann man 364 · 4 = **1456** unterschiedliche Wundertüten zusammenstellen.

## ❓ Weitere mögliche Fragestellungen

- Finde selbst eine Frage, die du mithilfe des Bildes oder der Angaben lösen kannst. Schreibe Frage, Rechnung und Antwort auf.
- Führe eine Umfrage durch zum Thema Lieblingseissorte. Stelle deine Ergebnisse als Schaubild dar (Kreisdiagramm, Säulendiagramm, Balkendiagramm, Strichliste …).

# Bilder zu den Aufgaben

**Aufgabe 1**

Kein Platz im Aquarium?

**Aufgabe 2**

Pflegeleichte Blumen

Bilder zu den Aufgaben

*Aufgabe 3*

Rollt die Treppe?

*Aufgabe 4*

Hecken ohne Ende

# Bilder zu den Aufgaben

### Aufgabe 5

Mit dem Mountainbike über den Wolken

### Aufgabe 6

The Giant's Head

# Bilder zu den Aufgaben

**Aufgabe 7**

Mathebücher für alle

**Aufgabe 8**

Lörracher Langer Egon

# Bilder zu den Aufgaben

### Aufgabe 9

Kraftstoff aus Sonnenblumen

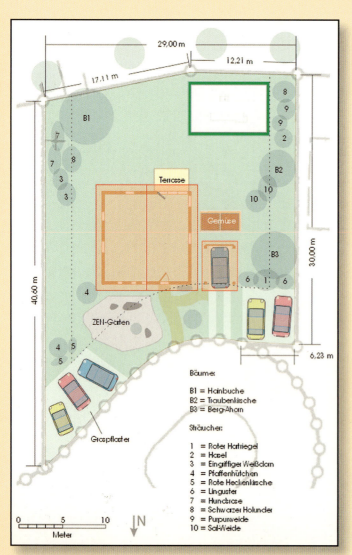

### Aufgabe 10

Arbeit im Garten

# Bilder zu den Aufgaben

**Aufgabe 11**

Mauer aus Fels-Gabionen

**Aufgabe 12**

Die Spitze des Eisbergs

# Bilder zu den Aufgaben

**Aufgabe 13**

Im freien Fall

**Aufgabe 14**

Baden in Andalusien

# Bilder zu den Aufgaben

### Aufgabe 15
Die Achterbahn „Oblivion"

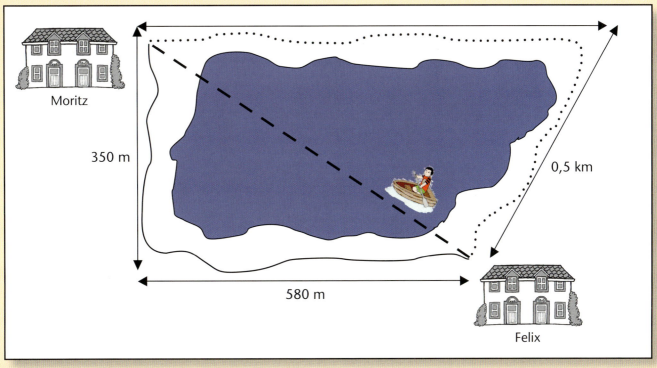

### Aufgabe 16
Zeitwette?

# Bilder zu den Aufgaben

**Aufgabe 17**

Paella satt?

**Aufgabe 18**

Tour de Mathematik

# Bilder zu den Aufgaben

**Aufgabe 19**

Der kugelrunde Bär

**Aufgabe 20**

Am besten eiskalt genießen

## Zusätzliche Bilder

**zu Aufgabe 6**

Zusatzbild:
The Mud Maid 1

**zu Aufgabe 6**

Zusatzbild:
The Mud Maid 2

Zusätzliche Bilder

*zu Aufgabe 15*

Zusatzbild:
Aufstieg Oblivion

# Topfit im Matheunterricht!

Stefan Eigel
### Lernzirkel Mathematik
3.–7. Jahrgangsstufe
Mit Kopiervorlagen

▸ Mit diesem Lernzirkel lernen die Kinder, sich selbst Ziele zu setzen und diese entschlossen zu verfolgen!

Damit decken Sie zentrale Lehrplaneinheiten mit wenig Aufwand bei Vorbereitung und Durchführung ab.

136 S., DIN A4, kart.
▸ Best.-Nr. 3206

Silke Kaptein
### Stochastik
Wahrscheinlichkeitsrechnung leicht verständlich
Kopiervorlagen mit Lösungen
7.–10. Jahrgangsstufe

Diese Unterrichtshilfe bietet durch die zahlreichen abwechslungsreichen Kopiervorlagen viele **methodische Varianten**, die Schülerinnen und Schüler der 7.–10. Jahrgangsstufe garantiert für eine lebendige und alltagsnahe Wahrscheinlichkeitsrechnung begeistern.

64 S., DIN A4, kart.
▸ Best.-Nr. 4401

Jörg Krampe/Rolf Mittelmann
### Neue Rechenspiele für die Klasse 8
50 Kopiervorlagen · Mit Selbstkontrolle · 2 Niveaustufen

Die 50 Kopiervorlagen zu den zentralen Problemen des Mathematikunterrichts im 8. Schuljahr erleichtern Ihnen Vorbereitung und Unterricht durch ein exakt gegliedertes Inhaltsverzeichnis mit Übersicht der verschiedenen Aufgabentypen. Alle Arbeitsblätter liegen kopierfertig vor und bieten viel Abwechslung durch neun verschiedene Spielformen.

108 S., DIN A4, kart.
▸ Best.-Nr. 4827

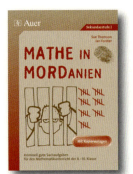

Sue Thomson/Ian Forster
### Mathe in Mordanien
Kriminell gute Sachaufgaben für den Mathematikunterricht der 8.–10. Klasse
Mit Kopiervorlagen

Die Schülerinnen und Schüler analysieren Fingerabdrücke, erstellen Phantombilder, interpretieren statistische Daten, werten Grafiken aus oder berechnen den Todeszeitpunkt von Mordopfern. Strategisches Vorgehen ist hier ebenso gefragt wie die Anwendung des Dreisatzes, der Prozentrechnung oder diverser mathematischer Formeln. Der originelle Kontext im Fantasieland MORDanien sorgt für Spannung und Motivation. Der Band enthält 38 Arbeitsblätter als Kopiervorlagen und Lösungen zu allen Aufgaben.

52 S., DIN A4, kart.
▸ Best.-Nr. 4754

---

## BESTELLCOUPON

Ja, bitte senden Sie mir/uns mit Rechnung:

____ Expl. Stefan Eigel
Lernzirkel Mathematik — Best.-Nr. 3206

____ Expl. Silke Kaptein
Stochastik — Best.-Nr. 4401

____ Expl. Jörg Krampe/Rolf Mittelmann
Neue Rechenspiele für die Klasse 8 — Best.-Nr. 4827

____ Expl. Sue Thomson/Ian Forster
Mathe in Mordanien — Best.-Nr. 4754

Bitte kopieren und einsenden/faxen an:

**Auer Versandbuchhandlung
Postfach 11 52
86601 Donauwörth**

Meine Anschrift lautet:

_____
Name/Vorname

_____
Straße

_____
PLZ/Ort

_____
E-Mail

_____
Datum/Unterschrift

**Bequem bestellen direkt bei uns!**
Telefon: 01 80 / 5 34 36 17
Fax: 09 06 / 7 31 78
E-Mail: info@auer-verlag.de
Internet: www.auer-verlag.de